走进大学
DISCOVER UNIVERSITY

什么是小学教育？

WHAT IS ELEMENTARY EDUCATION?

刘　慧　主编
于　帆　副主编

大连理工大学出版社
Dalian University of Technology Press

图书在版编目(CIP)数据

什么是小学教育？/ 刘慧主编. -- 大连：大连理工大学出版社，2024.6
ISBN 978-7-5685-4971-4

Ⅰ.①什… Ⅱ.①刘… Ⅲ.①小学教育－通俗读物 Ⅳ.①G62-49

中国国家版本馆 CIP 数据核字(2024)第 091031 号

什么是小学教育？　SHENME SHI XIAOXUE JIAOYU?

策划编辑：苏克治
责任编辑：贾　震　周　欢
责任校对：李宏艳
封面设计：奇景创意

出版发行：大连理工大学出版社
　　　　　（地址：大连市软件园路 80 号，邮编：116023）
电　　话：0411-84708842（发行）
　　　　　0411-84708943（邮购）　0411-84701466（传真）
邮　　箱：dutp@dutp.cn
网　　址：https://www.dutp.cn

印　　刷：辽宁新华印务有限公司
幅面尺寸：139mm×210mm
印　　张：5.875
字　　数：115 千字
版　　次：2024 年 6 月第 1 版
印　　次：2024 年 6 月第 1 次印刷
书　　号：ISBN 978-7-5685-4971-4
定　　价：39.80 元

本书如有印装质量问题，请与我社发行部联系更换。

出版者序

高考，一年一季，如期而至，举国关注，牵动万家！这里面有莘莘学子的努力拼搏，万千父母的望子成龙，授业恩师的佳音静候。怎么报考，如何选择大学和专业，是非常重要的事。如愿，学爱结合；或者，带着疑惑，步入大学继续寻找答案。

大学由不同的学科聚合组成，并根据各个学科研究方向的差异，汇聚不同专业的学界英才，具有教书育人、科学研究、服务社会、文化传承等职能。当然，这项探索科学、挑战未知、启迪智慧的事业也期盼无数青年人的加入，吸引着社会各界的关注。

在我国，高中毕业生大都通过高考、双向选择，进入大学的不同专业学习，在校园里开阔眼界，增长知识，提升能力，升华境界。而如何更好地了解大学，认识专业，明晰人生选择，是一个很现实的问题。

为此，我们在社会各界的大力支持下，延请一批由院士领衔、在知名大学工作多年的老师，与我们共同策划、组织编写了"走进大学"丛书。这些老师以科学的角度、专业的眼光、深入浅出的语言，系统化、全景式地阐释和解读了不同学科的学术内涵、专业特点，以及将来的发展方向和社会需求。希望能够以此帮助准备进入大学的同学，让他们满怀信心地再次起航，踏上新的、更高一级的求学之路。同时也为一向关心大学学科建设、关心高教事业发展的读者朋友搭建一个全面涉猎、深入了解的平台。

我们把"走进大学"丛书推荐给大家。

一是即将走进大学，但在专业选择上尚存困惑的高中生朋友。如何选择大学和专业从来都是热门话题，市场上、网络上的各种论述和信息，有些碎片化，有些鸡汤式，难免流于片面，甚至带有功利色彩，真正专业的介绍尚不多见。本丛书的作者来自高校一线，他们给出的专业画像具有权威性，可以更好地为大家服务。

二是已经进入大学学习，但对专业尚未形成系统认知的同学。大学的学习是从基础课开始，逐步转入专业基础课和专业课的。在此过程中，同学对所学专业将逐步加深认识，也可能会伴有一些疑惑甚至苦恼。目前很多大学开设了相关专业的导论课，一般需要一个学期完成，再加上面临的学业规划，例如考研、转专业、辅修某个专业等，都需要对相关专业既有宏观了解又有微观检视。本丛书便于系统地识读专业，有助于针对性更强地规划学习目标。

三是关心大学学科建设、专业发展的读者。他们也许是大学生朋友的亲朋好友，也许是由于某种原因错过心仪大学或者喜爱专业的中老年人。本丛书文风简朴，语言通俗，必将是大家系统了解大学各专业的一个好的选择。

坚持正确的出版导向，多出好的作品，尊重、引导和帮助读者是出版者义不容辞的责任。大连理工大学出版社在做好相关出版服务的基础上，努力拉近高校学者与

读者间的距离,尤其在服务一流大学建设的征程中,我们深刻地认识到,大学出版社一定要组织优秀的作者队伍,用心打造培根铸魂、启智增慧的精品出版物,倾尽心力,服务青年学子,服务社会。

"走进大学"丛书是一次大胆的尝试,也是一个有意义的起点。我们将不断努力,砥砺前行,为美好的明天真挚地付出。希望得到读者朋友的理解和支持。

谢谢大家!

苏克治
2021 年春于大连

前　言

我国小学教育的性质是基础性教育，又是义务教育，还是普及教育。人人都要接受小学教育，人人都渴望优质的小学教育。小学教育关乎人一生的生命样态与生命品质，也关乎培养担当民族复兴大任的时代新人。小学教育要办好，小学教师是关键。小学教育专业是小学教师培养的摇篮，小学教师队伍高质量建设需要优秀毕业生的加入。"喜爱儿童、热爱教育"是报考小学教育专业的首要因素，是成长为具有"教育家精神"的卓越小学教师的重要前提。

我国小学教师的培养已有百年中师史、四十年专科培养史、二十五年本科培养史，无论哪一层次都培

养了无数优秀的小学教师。有些小学教师至今仍活跃在我国小学教育一线，为小学教育贡献自己的一份力量。

小学教育专业的本质特性主要体现为儿童性、综合性和养成性。小学教师的培养过程是"三人同行"的过程，即教师教育者与师范生、小学生"三人"共在同行。小学教师的培养应凸显"儿童取向""卓越追求""教育家精神""面向未来"等，以适应新时代对小学教师的新要求——坚守生命立场，有心有力、有情有义、有温度、有智慧。

本书围绕小学教育专业致力于培养小学教师这一主线，向读者介绍了以下内容：小学教育专业的地位与作用，成为小学教师的条件，小学教师培养的要求，小学教育专业毕业生的升学、就业等；小学教师职前培养方案；小学教师的自我成长、小学优秀教师样态等。从而让高中生对小学教育专业有一个全方位的了解。

本书以高中生的视角，想高中生所想，呈现报考小学教育专业的师范生成长空间、机会与发展的可能性，突破进入小学教育专业后的职业"终点感"，让具有使命感的学生看到希望，看到自己在小学教育专业学习中的意义与价值、未来从事小学教师职业可能给自己带来的美好憧憬。

目前，我国义务教育教师队伍中，小学教师约有610万人，占义务教育教师人数比例的62%。我国小学约有17万所，在校小学生超过1亿人，需要大量的优质小学教师。期待有志青年报考师范院校，报考小学教育专业。愿有志青年报考小学教育专业，"立生命于心、爱生命于行、成生命于意"，成为小学儿童生命成长的促进者、陪伴者、见证者！

本书编写思想与框架体系等由首都师范大学初等教育学院刘慧教授撰写，各部分撰写分工如下：第一部分由刘慧、吕尚睿编写；第二部分由刘慧、赵蕾编写；第三部分由刘慧、刘子姝编写；第四部分由于帆编写；第五部分由刘婧媛、杨阔、张冰洁编写；第六部分由刘婧媛、赵蕾、刘子姝编写。全书由刘慧与于帆统稿，最后由刘慧审定。在组织写作与出版过程中，于帆老师做了大量的工作。另外，特别感谢华东师范大学出版社师文老师的引荐，才有缘与大连理工大学出版社合作。

本书自 2023 年初启动编写工作以来,历时一年半。这是我们首次尝试编写关于小学教育学科的科普性读物,难免会有疏漏,期待同仁与读者批评指正。

2024 年 5 月
于北京

目　录

专业扫描：认识小学教育专业　/ 1

何谓小学教育专业 / 2
　　小学教育专业致力于培养小学教师 / 2
　　小学教育专业特性 / 4
　　小学教育专业的地位与作用 / 8

我国小学教育专业"图景"描绘 / 10
　　我国小学教育专业历史发展脉络 / 11
　　我国小学教育专业培养模式探索 / 19

小学教育专业的学科基础 / 24
　　初等教育学是小学教育专业的支柱性学科 / 25
　　儿童学是初等教育学的基础理论之一 / 29

初等教育学是小学教师培养的理论基础 / 30

探寻初心：为何报考小学教育专业 / 32
　小学教育事业绽放生命之光 / 32
　　儿童未来的呵护者 / 32
　　职业生涯中丰盈生命 / 35
　　时代脉动中丰富小学教育事业 / 36
　小学教育是个大事业 / 37
　　小学教育是基础教育的基础 / 37
　　小学教育的"家庭—社会"价值 / 44

皆有可能：成为小学教师的条件 / 47
　国家政策中关于小学教师具备的条件 / 47
　　《小学教师专业标准（试行）》/ 48
　　《中小学和幼儿园教师资格考试标准（试行）》/ 55
　　《小学教育专业师范生教师职业能力标准（试行）》/ 59
　招生政策关于小学教师的入门条件 / 62
　　面　试 / 63
　　高　考 / 64
　成为小学教师之人的个性特点 / 67
　　喜欢孩子 / 67
　　亲和力强 / 68

迷恋他人成长 / 72

枝繁叶茂：小学教育专业的课程图谱　/ 79

小学教育专业课程设置依据 / 79
　　以遵循国家标准为基石 / 80
　　以满足社会需求为要旨 / 83
　　以促进学生发展为追求 / 84
　　以结合专业特点为原则 / 86

小学教育专业课程结构 / 87
　　通识教育课程 / 88
　　儿童教育课程 / 90
　　主教方向课程 / 91
　　兼教方向课程 / 93
　　实践与研究课程 / 94

小学教育专业课程内容的特点 / 96
　　儿童取向：把握小学教育本质 / 97
　　师德养成：培育"四有"好老师 / 98
　　融会贯通：培育跨学科素养 / 99
　　大小协同：发挥育人合力 / 100
　　本研一体：推动学生持续发展 / 101
　　动态更新：紧扣国内外教育发展 / 102
　　面向未来：指向未来教育家潜质 / 103

小学教育专业课程实施注重什么？ / 104
　　学生中心：注重主体参与 / 105
　　全程实践：统整知情意行 / 106
　　形式多样：采取灵活方法 / 107
　　人机协同：打造智慧课堂 / 108
　　特色创新：满足成长需求 / 110

缤纷多彩：小学教育专业的"第二课堂" / 113
　　大学第二课堂：探索生命无限可能 / 114
　　生活即教育：浸润式教育生态系统 / 116
　　理想与追求：培根铸魂的价值引领 / 122
　　过硬的基本功：夯实职业根基的技能实训 / 128
　　成为研究型教师：沃野千里的学术陶冶 / 132
　　妙趣横生的校园：人文荟萃的文化活动 / 137
　　行走的课堂：知进行达的研学实践 / 139

大有可为：小学教育专业师范生的前景 / 142
小学教育专业师范生的就业方向与就业指导 / 142
　　就业方向 / 143
　　学校的就业指导服务 / 144
生涯幻游：在职小学教师的持续发展 / 146
　　准备工作 / 146
　　生涯幻游过程 / 147

思考与总结 / 151
小学教师之光辉典范 / 152
　　陶行知:"万世师表"/ 152
　　叶圣陶:从小学教师到教育家 / 154
　　李吉林:情境教育创始人 / 156

参考文献 / 159

后　记 / 163

"走进大学"丛书书目 / 165

专业扫描：认识小学教育专业

教育是立国之本，小学教育为国家根本大计。

——陶行知

当我们填报高考志愿的时候，除了面临选择什么院校之外，最重要的是，我们将选择什么专业？对个人来说，选择专业之所以重要，是因为"专业"关乎个人将来所要从事的职业的选择。

因此，当我们选择报考小学教育专业时，我们必须要明晰以下几个问题：(1)什么是专业？(2)什么是小学教育专业？(3)为什么报考小学教育专业？(4)如果报考小学教育专业，我可能接受什么样的培养过程？这些问题涉及小学教育专业的本质、特性、地位与作用以及如何培养等。同时，只有明确小学教育专业的性质和培养模式，我们才能更好地做好职业的选择与规划。

▶▶何谓小学教育专业

到底什么是小学教育专业呢?我们可以先从"专业"词源衍变来看,"专业"的本质特征在于"专门化"。也就是说,小学教育专业就是专门培养小学教师的专业。此外,小学教育专业具有自身独特的专业特性,其本质特性主要体现为儿童性、综合性和养成性。小学教育专业为构建高质量教育体系奠定坚实的师资基础,同时也促进了小学教师专业化发展。

➡➡小学教育专业致力于培养小学教师

✥✥什么是专业?

在日常生活中,我们经常会听到关于"专业"的表述:"他的解说很专业""我学的是金融学专业""他是专业作家"……

如何理解上述"专业"所表达的不同内涵?在我国,从"专业"一词的构成来看,"专"甲骨文写法为"🐾"。左边"叀"是一种纺线的工具,右边是手,字形合起来像一只手摇动纺锤,将丝盘绕在纺锤上。因此,"专"本义指"转动",后引申为"专注、专一"。

"业"小篆写法为"業"。《说文解字》中,"業,大版也。

所以饰悬钟鼓,捷业如锯齿,以白画之"。"业"本义指古时乐器架子横木上的大版,后引申为学习内容、职业和行业等。

在《现代汉语词典》(第七版)中,关于"专业"的定义大致分为以下几种:(1)专门从事某种工作或职业,如"他是专业作家";(2)具有专业水平和知识,如"他的解说很专业";(3)高等学校的一个系里或中等专业学校里,根据科学分工或生产部门的分工把学业分成的门类,如"我学的是金融学专业"。

关于"专业"内涵的界定,我们到底该选择哪个呢?由于词的用法是与具体的使用语境相关联,因此,我们将本部分"专业"的具体用法限定在"高等学校的一个系里或中等专业学校里,根据科学分工或生产部门的分工把学业分成的门类"领域。从国家宏观层面来看,它是根据社会职业分工、学科分类、科学技术和文化发展状况,以及经济建设与社会发展需要进行划分的;从学校微观层面来看,高校设置专业的特定意义和功能一方面是学科发展的需要,另一方面是社会职业的需求。

❖❖❖ **什么是小学教育专业?**

在清楚了本部分"专业"内涵的基础之上,我们知道,

"专业"的设置是与社会职业以及学科发展的需求相关联的。因此,依据社会职业专业化发展的需求和小学教育学科发展的需要,小学教育专业是一门普通高等学校本科专业,属于教育学类专业,基本修业年限为四年,授予教育学学士学位。

小学教育专业直接面向小学教育,服务于小学教育,是专门培养小学教师的专业。该专业旨在培养具有良好思想道德品质、扎实的学科知识和较强的教育教学能力,能在小学从事教育、教学和管理等方面工作的复合型人才。据中国科学评价研究中心的数据显示,截至目前,我国开设小学教育专业的高等院校有200余所,专科院校有近200所。这些院校包括:南京师范大学、华中师范大学、东北师范大学、首都师范大学、浙江师范大学、天津师范大学、上海师范大学、山西大同大学、渤海大学、安庆师范大学等。

➡➡小学教育专业特性

我们清楚了小学教育专业是专门培养小学教师的专业。那么它与其他教育专业到底有何不同呢?首先,小学教育专业不同于中学教育专业,更不同于教育学专业。小学教育专业具有自身独特的专业特性。其次,对小学教育专业特性的认识,我们需要跳出三种定式与思维,即"学科性＋教育性"的中学教育专业特性、教育学专业特性和"通识性＋技能性"的中师特性,回到当代小学教育对小学教师的需要来寻找属于其自身的特性。从当代小学教育改革的方向来看,小学教育重点在于促进儿童生命健康成长。那么培养能够助力儿童生命健康成长的小学教师就成为小学教育专业的本质要求。因此,小学教育专业实质是小学儿童教育专业,其本质特性主要体现为儿童性、综合性和养成性。

❖❖❖儿童性

什么是小学教育专业的"儿童性"呢？我们可以从两个方面展开:一是从小学教育的本质地位来看,小学教育需要关注小学儿童生命成长;二是明确指出小学教育专业儿童性的具体表现。

从小学教育的本质地位来看,在终身教育理念下,小学教育作为终身教育的初始阶段,为人的发展奠定基础。小学教育要为儿童生命健康成长奠定基础,具体包括以下四个方面:

一是为儿童的道德品质发展奠定基础。进入小学的儿童,随着生活范围的不断扩大,会遇到越来越多的道德

问题。小学教育工作者应引导儿童认识、了解与他们的生活经验相联系的道德观念并养成相应的道德习惯。

二是为儿童的智慧品质发展奠定基础。小学时期正是儿童智慧潜力逐步显现并迅速发展的时期。其主要任务应当放在启迪儿童智慧发展上，知识教学应为智慧发展服务，智慧发展应促进知识教学。

三是为儿童的个性品质形成奠定基础。小学时期是儿童的个性倾向开始显露的时期，小学教育工作者应当发现、维护、尊重并培养儿童的个性，使他们养成良好的个性品质。

四是为儿童的身体发展奠定基础。小学时期是儿童身体迅速发展的时期，小学教育工作者应当培养儿童养成锻炼身体的良好习惯，掌握锻炼的基本技能、技巧，以促进儿童的健康发展。

此外，小学教育专业的儿童性具体体现在以下几个方面：(1)在人才培养目标规格上，师范生要养成热爱儿童的教育情怀，养成尊重小学生人格，富有爱心、责任心、事业心的品质；师范生要具备儿童科学知识，充分了解儿童生命发展的特征和规律，促进儿童健康成长；(2)在课程设置上，要开设具有儿童性的课程。如儿童文学、儿童发展与教育心理学、儿童游戏等课程;(3)在培养模式上,要凸显"实践取向",即把教育实践环节贯穿于人才培养的全过程中,让师范生走进小学,了解小学生,培养能研究儿童、理解儿童、读懂儿童的小学教师。

综上所述,小学儿童生命成长的特性是小学教育的基础。小学教育只有顺应小学儿童生命成长的特性,才能促进其生命的健康成长。这也是当代小学教育区别于传统小学教育和其他教育形式的独特性所在。因此,小学教育专业承担着培养促进儿童生命健康成长的小学教师的使命。

❖❖❖ 综合性

综合性是相对学科分类而言的概念,强调将两门及两门以上学科知识整合成为一个学科知识。小学主要以综合课程为主。综合性是小学教育专业的典型特征。小学教育专业的综合性重点强调小学教育专业建设的通识性、多学科性和多能力性。

小学教育专业的综合性具体体现在以下几个方面:(1)在人才培养方案中,课程内容要体现通识性,呈现广泛的自然科学、社会科学、人文科学领域的知识;课程设置要体现多学科性,了解各学科整合在小学教育中的价

值,知晓小学各学科间的内在联系性;(2)在培养模式上,体现"一专多能"的培养目标。根据小学开设课程的现状,让师范生具有主教一门或两门课程,兼教多门课程的能力等。

✧✧ 养成性

"养"指方式,"成"指形成,即通过养的方式使之逐渐形成。"养成即依养而成,且养且成,通过养逐渐沉淀、塑造、熔铸和生成,是持续行动和体验反思基础上的渐变与生长"。小学教育专业人才培养的养成性具体体现在以下几个方面:(1)在培养目标上,在知识与技能、过程与方法、情感态度价值观等诸多方面要形成良好的职业行为规范;(2)在培养环节上,凸显实践性、过程性和持续性,即在每门课程的实施过程和实践活动中,如在教育见习和教育实习中逐渐稳定形成。

➡➡ 小学教育专业的地位与作用

✧✧ 筑基:为构建高质量教育体系奠定坚实的师资基础

小学教育专业定性在教育专业,定向在小学教师培养。小学教育专业旨在培养立足小学、服务小学、研究小学的小学教师。小学教育专业是高等教育体系中的重要组成部分,从属于高等师范教育体系。而构建高质量教育体系的关键在于教师队伍建设。

在终身教育理念下,教育部先后发布了《普通高等学校师范类专业认证实施办法(暂行)》《关于实施卓越教师培养计划2.0的意见》(以下简称《卓越计划2.0》)《教育部办公厅关于实施一流本科专业建设"双万计划"的通知》《新时代基础教育强师计划》(以下简称《强师计划》)等一系列政策文件,其目的在于进一步全面提升教师培养质量。其中,首都师范大学初等教育学院作为全国小学教育专业首家认证"打样"单位,在2018年11月正式完成专家组现场考察工作,其小学教育专业被评为"2019年度国家级一流本科专业建设点"。这无疑提升了小学教育专业品牌,引领了小学教师培养新样态。

小学教育作为基础教育的基础,小学教师的师资关乎小学教育的质量,而小学教育专业重点培养小学教师。因此,小学教育专业建设为构建高质量教育体系奠定了坚实的师资基础。

✤✤ 提质:助力小学教师专业化发展

小学教师的质量关系到小学儿童一生的成长,更关系到国家的教育未来。自20世纪80年代以来,通过明

确教师专业标准来凸显教师职业的专业性，推动教师专业化进程，成为许多教育先进的国家提高教师质量的共同战略，中国也不例外。我国在2012年正式颁布了《小学教师专业标准（试行）》，该文件明确了一名合格小学教师的道德、知识和能力坐标，对小学教师的基本素养进行了梳理与规范，是我国促进小学教师专业化进程中的一个重要里程碑。

小学教师作为专业性职业，不同于幼儿教师或中学教师，它具有其独特的专业特性。从小学教育的根本特性来看，小学儿童的生命状态是小学教育特性之根源。小学教师的专业特性关键在于理解小学儿童的能力。小学教师是小学儿童教育工作者，而不仅仅是学科知识的传授者。因此，小学教育专业的性质定位要回到"儿童教育"的本位，培养读懂小学儿童、理解小学教育、具有专业素养的小学教师，促进小学教师专业化发展。

▶▶我国小学教育专业"图景"描绘

梳理我国小学教育专业历史发展脉络，我们能更好地理解我国小学教育专业发展的前世今生。可以说，我国小学教师培养经历了"百年中师—五年制专科—本科"以及现阶段的"卓越小学教师培养计划"的发展路径。不同阶段表现出不同的培养特点。在小学教育专业本科培养模式上，也形成了多样化的培养模式。

➡➡我国小学教育专业历史发展脉络

✣✣小学教育专业的"前身"

（1）从初级师范学堂到规范的中等师范教育

"师范教育"从词源看，"师范"的英文来自拉丁文"norma"，指木工的"图样"和"模型"，后引申为"模范"和"典范"之意。《大不列颠百科全书》指出，"师范教育是为中小学水平的教师提供准备的一些正式的项目"。在我国，"师"字最早出现在甲骨文中，最初是军官的称号。西周有"师氏"和"大师"的记载，"师氏"指高级军官，"大师"是比"师氏"更高级的军官。后来，"师"含有"教师、模范"之意。如西汉扬雄在《法言·学行》中所言，"师者，人之模范也"。在《教育大辞典》中顾明远将"师范教育"界定为"培养师资的专业教育"。我国"师范教育"是从日本引入的概念，特指专门的教师培养活动。

我国小学教师培养始于1897年。当时，盛宣怀在上海创办南洋公学，其内设师范院，培养各级教师，由此拉开了中国小学教师培养的帷幕。1902年，张謇创办的通

州民立师范学校成为中国第一个专门培养小学教师的学校。1912年,国民政府教育部颁布的《师范教育令》《师范学校规程》等文件,使中等师范培养体系基本形成。中华人民共和国成立后,教育部于1952年颁布了《中等师范学校暂行规程》(草案),逐步建立了由中等师范学校培养小学师资、高等师范专科学校培养初中师资、师范大学培养高中师资的三级教师培养体系。至20世纪90年代,中国小学的师资培养主要由普通中等师范学校来承担。

我国历经了百年的中师培养模式,已经形成了一套完善而卓有成效的小学教师培养体系,为中国培养了大批优秀的小学教师,这些教师已经成为小学教育界的骨干和精英,许多教师目前仍然活跃在小学教育战线上。

中师培养模式的主要特点:一是选拔优秀的初中毕业生,学制为三年或四年;二是定向于小学教师,以提高学生综合素质为基础,注重培养从事小学教育的信念与责任心,注重行为规范的养成、教学技能的训练,以及音乐、体育、美术全面发展的培养;三是主要侧重高中阶段的文化知识补偿教育,各学科知识齐头并进,让学生毕业后能在小学同时教授多门课程。中师培养模式为当代中国培养全科教师积累了丰富的经验。这是一笔宝贵的财富,值得我们不断地思考与借鉴。

(2)五年制的专科小学教育专业

随着社会进步与基础教育的发展,对教师的需求由量转为质,小学教师的学历标准也在逐渐提高。1984年,江苏省南通师范学校(今南通师范高等专科学校)率先开启了培养专科层次小学教师的五年制师范教育模式。1985年,上海师范高等专科学校、北京第三师范学校、北京通州师范学校、南京晓庄学院等举办小学教育大专班,开启了培养专科层次小学教师的试验工作。1992年起,国家教育委员会决定在沿海和经济发达地区扩大试验。经过多年的实践探索,国家教育委员会于1995年发布了《大学专科程度小学教师培养课程方案(试行)》,有力推动了试验工作的发展。至今,仍有百余所专科学校承担着培养小学教师的工作。

专科层次小学教师培养的主要特点:一是招生对象既包括初中生,又包括高中生,其中初中起点的学制为五年,高中起点的学制为三年;二是在培养模式上有单科、大文科、大理科,也有强调不分专业和不分学科的综合培养,还有多科教学等。

我国小学教师从中师培养模式走向专科培养模式,除了学历的提升之外,一个突出的标志在于"学科"。在

中师培养模式阶段,小学教师的培养不强调学科。在专科培养模式阶段,专科层次的小学教师的培养要对接小学教学的科目。

❖❖本科小学教育专业的诞生与发展

1997年,我国开启了本科层次的小学教师培养之路。同年,教育部提出将小学教育专业纳入普通高等教育,并成立了"培养本专科学历小学教师专业建设研究"课题立项组。1998年教育部师范教育司正式启动"面向21世纪培养专、本科学历小学教师专业建设"项目,东北师范大学、上海师范大学、南京师范大学、杭州师范大学四所高校率先设立小学教育本科专业,招收首批大学生。1999年,首都师范大学、华中师范大学、四平师范学院(今吉林师范大学)、雁北师范学院(山西大同大学前身之一)增设小学教育专业,并于同年招生。2002年,教育部发布了《关于加强专科以上学历小学教师培养工作的几点意见》指出:专科以上学历小学教师的培养要纳入高等教育体系;要加强小学教育专业建设,努力办出特色,培养适应基础教育需要的小学教师。此后,高校本科层次的小学教育专业发展迅速。2019年,教育部启动一流本科专业建设"双万计划",预计于2019—2021年建设10 000个左右国家级一流本科专业点和10 000个左右省级一流本科专业点,旨在全面提高本科教育质量。其中小学教育专业入选国家级一流本科专业建设点有43个,占教育学类国家一流本科专业建设点近30%。

❖❖ 卓越小学教育人才培养计划

新时期为进一步推动教师教育改革,全面提升教师培养质量,教育部先后发布了《关于实施卓越教师培养计划的意见》(以下简称《卓越计划》)《卓越计划2.0》和《强师计划》。以下是《卓越计划》《卓越计划2.0》和《强师计划》对小学教育专业建设提出的要求。

(1)《卓越计划》《卓越计划2.0》对小学教育专业建设提出的要求

教育部于2014年发布了《卓越计划》。该文件的出台旨在"通过实施卓越教师培养相关计划,推动师范院校深化教师培养机制、课程、质量评价等方面的综合改革,并努力培养一大批有理想信念、有道德情操、有扎实学识、有仁爱之心的好教师。"该文件出台以后,全国高等师范院校都开始试点培养卓越教师,其中有卓越小学教师培养项目11个,包括东北师范大学的"全科型卓越小学教师培养模式的建构与实践"项目,首都师范大学的"小学卓越教师培养路径的研究与探索"项目,天津师范大学

的"U-G-S模式下小学教育专业多能型"项目,等等。

面对新的要求和使命,教育部于2018年9月发布的《卓越计划2.0》中明确提出要深入实施"卓越教师培养计划",建设一流师范院校和一流师范专业,分类推进教师培养模式改革。

在基本理念方面,《卓越计划》和《卓越计划2.0》都集中体现了"育人为本""实践取向""终身学习""为党育人,为国育才"的基本理念。

在目标方面,《卓越计划》和《卓越计划2.0》中都明确提出了"培养什么样的"卓越小学教师。《卓越计划》中提出卓越教师培养计划的目标是"培养一批热爱小学教育事业、知识广博、能力全面,能够胜任小学多学科教育教学需要的卓越小学教师"。《卓越计划2.0》中提出卓越教师培养计划的目标是"培养造就一批教育情怀深厚、专业基础扎实、勇于创新教学、善于综合育人和具有终身学习发展能力的高素质专业化创新型中小学教师"。对比两个"意见"的卓越教师培养计划的目标,我们会发现《卓越计划2.0》在注重师范生基础知识和基本能力提升的前提下,面向全面推进教育现代化的时代新要求,提出到2035年,师范生的综合素质、专业化水平和创新能力显著提升，培养"素养全面、专长发展"的卓越小学教师。

在具体实施方面，综合两个"意见"，对小学教育专业建设的建议表现为：第一，全面开展师德养成教育。《卓越计划2.0》强调，将习近平总书记关于"四有"好老师标准、"四个引路人"、"四个相统一"和"四个服务"等要求细化落实到小学教师培养的全过程；通过实施导师制、书院制等形式，建立师生学习、生活和成长共同体；通过开展实习支教、邀请名师名校长与师范生对话交流，以及组织专题讲座等形式，提升师范生的职业认同和社会责任感，涵养师范生的教育情怀；第二，推进培养模式改革。《卓越计划2.0》中明确提出，要求"培养素养全面、专长发展的卓越小学教师"，通过借鉴国际小学全科教师培养经验，探索适合我国国情的养成教育培养模式；第三，深化信息技术，助推小学教育教学改革。相较于《卓越计划》中提出的"提升师范生信息素养和利用信息技术促进教学的能力"的要求，《卓越计划2.0》在遵循目前信息技术发展的状况，进一步提出将"人工智能、智慧学习环境等新技术与教师教育课程全方位融合，充分利用虚拟现实、增强现实和混合现实等，建设开发一批交互性、情境化的教师教育课程资源"；第四，丰富实践课程，提高实践教学质量。两个"意见"都明确提出了要提高实践教学质量，

设置数量充足、内容丰富的实践课程;第五,深化国际交流与合作,拓展师范生国际视野。两个"意见"都提出加强师范生赴境外高校交流,学习借鉴国际先进教育理念经验,扩大中国教育的国际影响。

(2)《强师计划》对小学教育专业建设提出的要求

在基本理念方面,《强师计划》同样体现了"育人为本""实践取向""终身学习""为党育人,为国育才"的基本理念。

在目标方面,为进一步造就"新时代高素质专业化创新型中小学教师队伍",《强师计划》明确提出,"到2025年,建成一批国家师范教育基地,形成一批可复制可推广的教师队伍建设改革经验,培养一批硕士层次中小学教师和教育领军人才"。要求教师在思想政治素质、师德修养、教育教学能力和信息技术应用能力建设方面获得显著提升。

在具体措施方面,《强师计划》提出的主要内容:第一,提升教师思想政治素质。全面加强中小学教师思想政治建设,落实意识形态工作责任制。开展常态化的学习教育,引导广大教师深刻领悟"两个确立"的决定性意义,增强"四个意识"、坚定"四个自信"、做到"两个维护",

坚持"四个相统一",争做"四有"好老师,当好"四个引路人",树立和坚持正确的国家观、历史观、民族观、文化观、宗教观;第二,加强和改进师德师风建设。常态化推进师德培育涵养,将各类师德规范纳入新教师岗前培训和在职教师全员培训必修内容创新师德教育方式,通过榜样引领、情景体验、实践教育、师生互动等形式,激发教师涵养师德的内生动力;第三,建设国家师范教育基地。通过重点支持建设一批国家师范教育基地,推动师范人才培养质量提升;第四,实施高素质教师人才培育计划。进一步持续推动卓越教师培养计划;第五,改进师范院校评价。推进师范类专业认证工作,明确师范院校教育教学评估和相关学科评估基本要求,探索建立符合教师教育规律的师范类"双一流"建设评价机制,切实推动师范院校把办好师范教育作为第一职责,将培养合格教师作为主要考核指标,推动师范专业特色发展、追求卓越。

➡➡我国小学教育专业培养模式探索

小学教育专业培养模式本质上回答的是"培养什么样的小学教师"和"怎样培养"的问题。它规定了我国小学教师的培养目标、培养方式和课程设置等。纵观我国小学教师的培养历程,我国小学教师培养历经百年的中师培养模式,于20世纪80年代开启专科培养模式,20世

纪 90 年代末步入本科培养模式。我国小学教师本科培养之路距今已有 20 多年，同时也形成了多种培养模式，包括分科型、中间型和综合型等。

目前，国外与国内小学教育研究都高度关注"全科教师"和"卓越教师"的概念与实践，普遍认同培养全科教师和卓越教师对于促进儿童全面发展和实现跨学科教学等大有裨益。在此背景下，各院校根据对"全科"和"卓越"内涵的理解、区域特点、学校类型以及各自优势等，在坚持小学教育专业人才培养主兼多能、综合发展的视野基础上，积极开展小学教育专业人才培养模式探索、发展与迭代升级，并取得了显著成效。

例如，东北师范大学基于"全科"是"多学科"的理解，形成了"两精通三主教"的多学科卓越小学教师培养模式，即精通两门学科，主要是数学、语文，能胜任三门学科的教学，包括科学、道德与法治、综合实践活动等；南京师范大学从培养"研究型全科小学教师"的需要出发，探索新实践的高质量小学教师培养模式；首都师范大学基于儿童的立场，探索卓越小学教师培养模式，形成了"一体两翼一基"的培养机制；杭州师范大学以"浙派名师"为引领，构建"三维六环"卓越小学全科教师培养模式，培养"师德高尚、师能卓越、师艺突出、一专多能"的专业化人才;温州大学基于小学教育专业的建设背景,探索双赋能的支持体系创新模式;上海师范大学将"全科"聚焦为"两专多能"的培养,"两专"就是胜任两门小学课程,具体课程根据招生时的大文科、大理科方向来确定;临沂大学进行了"一专两辅"的设计,即主教一门学科,如语文、数学,兼教两门学科,如科学、道德与法治。由此可见,我国现阶段小学教育专业人才培养模式呈现多样化的发展趋势。下面以东北师范大学和首都师范大学为例,具体阐述其小学教育专业人才培养模式的特色。

❖❖ 东北师范大学小学教育专业人才培养模式

东北师范大学在小学教育专业人才培养模式方面,形成了"两精通三主教"的多学科卓越小学教师培养模式。

在培养目标上,东北师范大学小学教育专业旨在面向全国,培养理想信念坚定、师德高尚、理念先进、理论扎实,具有宽广的国际视野、较强的教育教学能力、研究反思能力、终身学习能力,能够开展创新性教学实践及研究,具有未来教育家潜质、能胜任多学科教学的小学卓越教师。

在培养基础上,东北师范大学小学教育专业形成了

"主教＋兼教"的模式。"主教"意味着"精通语文、数学主教学科的知识体系、思想与方法，重点理解并掌握主教学科核心素养内涵；能够综合运用主教学科知识，形成学科内有序整合的知识体系与能力结构"。"兼教"意味着"掌握小学兼教学科(科学、道德与法治、综合实践活动等)的基本知识、基本原理和技能，形成科学合理的学科教学知识结构体系、基本思想和方法"。此外，专业系列选修课程还设置了"拓展系列"，提供英语教学、艺术教学等20余门多学科、宽领域的课程，要求最低修满5学分。

"两精通三主教"人才培养模式，通过学生自主选择和学分要求相结合的方式，在使师范生具备优秀的主教学科教学知识与能力和较强的兼教学科教学知识与能力的同时，又注重培养师范生的兴趣与特长，有利于实现师范生的专业化、个性化发展。

❖❖首都师范大学小学教育专业人才培养模式

首都师范大学在小学教育专业人才培养模式方面，形成了"儿童取向卓越小学教师"的培养模式。

在培养目标上，首都师范大学小学教育专业立足首都基础教育改革与未来教育发展的需要，传承百年师范精神，提出培养师德优秀、热爱小学教育事业，能以儿童为本、全面育人，素养综合、能够终身发展，具有国际视野和未来教育家潜质的创新型卓越小学教育人才。

在培养基础上，首都师范大学小学教育专业开设了"儿童研究"系列课程，成立了"首都师范大学儿童生命与道德教育研究中心"和"敬修书院""伯良书院"等。在课程体系中，与"通识课程""实践课程"并列的"专业课程"设计成了三个模块：儿童教育类课程、教师教育类课程、专业方向（主教＋兼教）课程，以此强化小学教育专业儿童属性的特点，首都师范大学小学教育专业课程体系如图1所示。

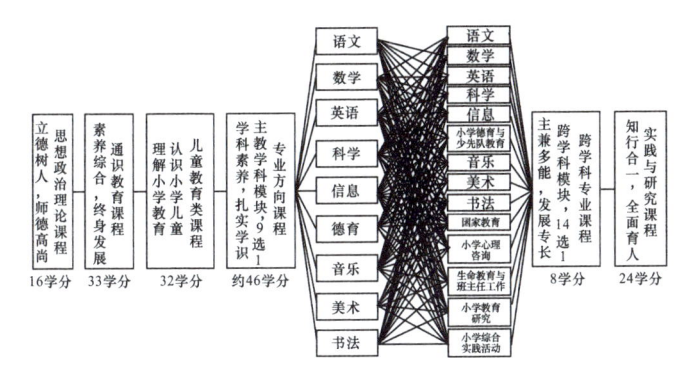

图1 首都师范大学小学教育专业课程体系

在培养机制上，首都师范大学小学教育专业形成以

"一体两翼一基"为基础的"多样态、多空间联动的综合育人"优势。"一体"为课堂教学体系,"两翼"分别为"院内实训课程与实验课程体系""校外教学实践与社会实践体系","一基"为小学教育各类实践与研究基地。

在此基础上,首都师范大学小学教育专业逐步形成了"儿童取向、大小协同,综合培养、主兼多能,全程实践、注重研究"的卓越小学教师培养模式,凝练形成了"爱心、童心、乐学、乐教"的初教学子精神,为全国小学教育专业高质量发展提供了宝贵经验。

▶▶小学教育专业的学科基础

我们为什么需要了解小学教育专业的学科基础?因为专业建设离不开学科建设,而学科建设的重心在于学科基础的明晰。就目前来看,普遍形成的观点认为,小学教育专业的学科基础是"跨学科"或"多学科"的,是多种学科开放融通、共同支撑的"复合结构",而不是传统意义上界限分明、独立性强的某一"独立学科"。

倘若我们认可上述观点,那么这种"多学科""复合结构"的学科基础的构成应该是怎样的呢?我们从小学教育专业的性质来看,小学教育专业旨在培养小学教师,小学教师重在促进小学儿童生命健康成长。质言之,小学教育专业培养的小学教师必须能胜任基于小学儿童、为了小学儿童生命健康成长的小学教育工作。这样,小学教育专业、小学教师和小学儿童之间的关系分别涉及三个学科:一是以小学教育为研究对象的初等教育学学科;二是以小学教师培养和发展的问题为研究对象的教师教育学学科;三是以小学儿童为研究对象的儿童学学科。其中,初等教育学是小学教育专业的支柱性学科,儿童学是初等教育学的基础理论之一,初等教育学是小学教师培养的理论基础。

➡➡初等教育学是小学教育专业的支柱性学科

明晰"什么是学科"以及"学科与专业之间的关系"是我们探讨小学教育专业学科建设的前提。美国学者伯顿·克拉克在他的《高等教育新论》一书中提出:"学科"包含三个基本内涵:一是作为教学的科目;二是作为学问的分支;三是作为学界或学术的组织。此处所言的"学科"指的是由某一类知识形成的一个相对独立的知识体系。因此,"学科"一般是以知识结构体系划分的,而"专业"是以职业体系划分的。"学科"是通过"专业"承担着人才培养的职能。这是二者的区别与联系。

从小学教育专业的特性来看，小学教育专业具有独特性的内涵和不可替代的作用。另外，从培养模式和价值取向来看，小学教育专业的培养模式不能完全等同于"学科＋教育"的培养模式。小学教育专业具有自身发展的逻辑。小学教师和小学儿童是小学教育的两大主体，小学教育和小学儿童是小学教师的工作性质与工作对象，对小学教育的认识是小学教师教育的主要内容。因此，以小学教育为研究对象的初等教育学是小学教育专业的学科基础。

一个学科独立、成熟的标志是学科体系的建立。学科体系通常包括相互联系的理论体系、知识体系和课程体系。因此，在探讨初等教育学学科体系建设时，我们主要从初等教育学的理论体系、知识体系和课程体系来探究。

首先，理论体系是一个学科取得"合法性"地位的基本依据。关于初等教育学的理论体系，目前学者主要依据三种逻辑进行探究：第一，依据高等教育学学科建设的逻辑，提出包括理论体系、知识体系和课程体系在内的初等教育学学科体系；第二，基于特定的逻辑起点，构建具体的初等教育学的理论体系，例如有学者将"养育"作为初等教育学的逻辑起点，从学科内涵、学科性质、研究对象、研究方法、学科基础出发构建了初等教育学"二元五模块"的基本结构;第三,提出初等教育学理论体系建立的途径。一条途径是将"小学教育实践"作为初等教育学学科建设的源泉,提倡回到实践中,直面当代小学教育的现实问题,以"问题研究"为主要向度,总结、提炼小学教育的经验,揭示小学教育的深层次规律,从而构建初等教育学学科体系。另一条途径是弘扬中师教育学的优良传统,借鉴其他教育学科尤其是高等教育学学科、教育技术学学科的建设经验,尝试构建相对独立的初等教育学学科体系。

按照上述三种理论体系构建的逻辑,初等教育学学科的知识体系和课程体系可以划分为三类:第一类是参照普通教育学的基本理论构建知识体系,包括教育目的、学校教育制度、课程、教学、教育测验与评价、班主任与班级管理等;第二类是以小学教育为逻辑起点构建知识体系,包括小学教育的历史、功能、性质、目标、内容、活动等;第三类是将普通教育学的内容与小学教育要素糅合构建知识体系,包括教育的产生与发展、学校的产生与发展、教育与社会和个体的关系、教育目的与培养目标、小学课程、小学教学、教师与小学生、班主任与班级管理等。相应地,在课程体系或学科群体系设想上,包括初等教育

原理、初等教育课程与教学论、比较初等教育、初等教育思想史、初等教育制度研究、初等教育管理、初等教育改革与发展、初等教育教师研究、初等教育研究方法等分支学科或交叉学科。遗憾的是,截至目前,初等教育学学科体系尚处于理论探究和发展阶段,尚未形成较完善的框架结构和科学的理论体系。可见,当务之急是努力加快初等教育学学科体系的建设,实现初等教育学科专业一体化建设,促进小学教育专业的可持续发展。

  在综合考虑小学教育专业的特性、培养模式及研究对象的基础上,初等教育学学科体系建设不可或缺的核心内容为:(1)6~12岁小学儿童研究;(2)初等教育学研究;(3)小学教师培养研究。初等教育学学科体系不是简单地将多学科知识进行罗列、叠加、汇聚和融合,而是拥有自己独特的概念系统和运行逻辑,如图2所示。立足终身教育理念和国家政策对小学教师提出的新要求,小学教师要将促进小学儿童生命健康成长作为出发点和落脚点,小学教师要学会读懂小学儿童、理解小学儿童、理解小学教育的工作本质,做小学儿童生命健康成长的促进者;站在"小学儿童教育本位"的立场,小学教育专业要培养能胜任基于小学儿童、促进小学儿童生命健康成长,理解小学教育工作本质的小学教师;因此,以小学教育为

图 2　初等教育学学科体系建设核心要素结构

研究对象的初等教育学学科的理论体系、知识体系和课程体系也需要紧密围绕小学儿童、小学教育和小学教师三个核心要素展开和构建。

➡➡ 儿童学是初等教育学的基础理论之一

众所周知,小学教育是为小学儿童服务的。初等教育学学科建设必须要研究小学儿童。但研究小学儿童和以儿童为研究对象并不是一个意思。

从研究对象来看,儿童学是以儿童为研究对象的综合学科。其中,克里斯曼是第一个完整提出儿童学概念的人。儿童学涉及的研究领域包括儿童哲学、儿童心理学、儿童社会学、儿童文学、儿童艺术、儿童政策等。初等

教育学作为教育学的二级学科,一方面,初等教育学研究的是6~12岁的小学儿童;另一方面,初等教育学不是以小学儿童为研究对象的,而是以小学儿童教育为研究对象的,即立足的是对小学儿童教育生活的教育研究。因此,从研究对象来看,初等教育学与儿童学存在着本质上的差异。

另外,初等教育学必然涉及对6~12岁小学儿童的研究,并且小学儿童作为小学教育中最简单、最一般的本质规定,是构成小学教育最直接和最基本的单位,是初等教育学学科建设的逻辑起点。因此,从初等教育学学科体系的建设来看,儿童学必然是初等教育学的基础理论之一。

➡➡初等教育学是小学教师培养的理论基础

从小学教育专业的历史发展脉络来看,初等教育学最初来源于中师教育学。随着时代的变迁、社会的发展和小学教师本科化的推进,中师教育学逐渐淡出大家的视野,取而代之的是教师教育学的发展。"教师教育"的概念是与"师范教育"的概念相对应的,是在教师专业化运动中发展起来的教师教育研究,其目的是指向"教师教育"作为专门的职业教育领域的专业化发展。质言之,以

"教师教育"为目的发展起来的"教师教育学"研究的是如何培养本科层次的高质量的教师。

就本科小学教师教育专业而言,其目标是培养具有教师专业素养的本科层次的小学教师。由于小学教育的研究对象是小学儿童,小学儿童与中学生、大学生等身心发展规律存在着差异。因此,对小学教师的培养势必有着与之相适应的特殊要求。另外,小学教师教育是培养本科层次的小学教师,这就决定了其培养模式也不能混同于中师和专科的培养模式。对小学教师的培养主要侧重综合培养。其中,培养小学教师的文化素养是小学教师教育的重点。

综上所述,初等教育学主要关注小学教师自身专业发展的状况,研究小学教师的专业特性、小学教师的职前培养与在职培训、小学教师教育模式的整体构建以及小学教师专业发展的机制与过程等一系列基本理论。因此,初等教育学是小学教师培养的理论基础。

探寻初心:为何报考小学教育专业

> 教师首先考虑的并不是让孩子们成为不能经历风雨的花朵,而是与他们一同在具体的事物中探索生命与世界的本质。
>
> ——雅斯贝尔斯

▶▶ 小学教育事业绽放生命之光

➡➡ 儿童未来的呵护者

小学教育是基础教育的第一环,是学校教育的起始阶段,小学教师担负着这一基础教育的开端任务与职责。小学教育的培养对象是 6~12 岁的儿童,这个年龄阶段是人一生中的重要时期,呈现出许多特点。一是这一时期为儿童今后的学习和生活奠定坚实的基础;二是这一时期的儿童正处于智力开发的最佳时期;三是这一时期的儿童可塑性很强,他们善于模仿、易于接受暗示等心理特点,成为接受教师教育影响的有利时期。这些特点说明小学阶段是教育的关键时期。小学教育工作如同培植苗木,它关系到儿童终生的事业和幸福,关系到国家的未来和希望。小学教师宛如教育麦田里的守望者,用辛勤的双手和汗水扶助幼苗茁壮成长。国家的未来和希望寄托在孩子身上,也寄托在小学教师身上。小学教师承担着呵护儿童未来、助力儿童生命健康成长的多重角色。有一句话说得好:"小学教师是站在人才的摇篮边。"小学教师作为儿童生命健康成长的第一位启蒙者,对儿童的一生有着重要影响。

✥✥呵护儿童积极情感

小学阶段是儿童情感发展和变化的关键时期,随着学习范围的扩宽、交往范围的扩大和生活经验的不断丰富,儿童情感的发展出现了新的特点。情感的丰富性、稳定性和可控性随年龄的增长而增强。高级情感如道德感、理智感和美感在学校教育的影响下也进一步发展。在小学阶段,教师的态度和情感对儿童心理的发展产生着重要的影响。因此,这就要求小学教师要对儿童的情感表达能够保持敏锐的觉知,即通过儿童的外显表情、姿势、动作等感知儿童的情感状态,尤其是沉默、对抗等消

极情绪背后的精神活动,并找到将儿童消极情绪转化为积极行为动机的契机;小学教师需要主动调节自身情感,可以通过控制自身情感表达的强度、克制自己的愤怒情绪等消极情感,暂时转移对引起消极情感事件的注意力、真诚袒露内心的情感等方式来调节自身的情感感受与表达,从而营造适合与儿童互动的积极情感状态。

❖❖ 呵护儿童心理健康

小学儿童的心理正处于发展中、尚未定型的时期,具有可塑性、过渡性、闭锁性、动荡性、易逆反、易受暗示、易激动等特点。由于受知识、阅历、经验教训、实践锻炼的限制,小学儿童的自我认识、自我调适、自我承受和自我控制等心理能力还不够强,在面临入学后不适应、同伴交往遇到挫折或学习压力时,可能出现焦虑或抑郁等心理问题。这要求小学教师要掌握儿童心理学基本理论知识,熟悉各学段儿童的心理特点和发展需要,具备在班级开展心理健康教育的基本技能。小学教师在面对儿童出现的问题时,要有耐心与爱心,乐于帮助儿童解决成长过程中的困难和烦恼。小学教师亲切的话语、鼓励的眼神、和谐的交往氛围都有利于促使儿童克服心理障碍,解决心理问题,助力儿童健康快乐的成长。

❖❖呵护儿童好奇心和求知欲

小学阶段是儿童好奇心表现极为丰富的时期,他们很喜欢观察周围的事物和环境。儿童的好奇心往往能够促进儿童对某种事物、某次活动产生求知的欲望,使他们产生兴趣,从而在兴趣的驱动下,去探究、去思考、去学习、去发现。因此,一方面,小学教师要正确对待儿童的好奇心,善于捕捉能激发儿童好奇心的教育契机。例如对儿童提出的奇思妙想及时回应,并引导儿童对感兴趣的问题展开拓展讨论,以激发儿童会问、敢问、想问的欲望。另一方面,小学教师也可以采用"好奇陷阱策略",即通过设置悬念,如不和谐性、矛盾性、新奇性、惊奇性、复杂性、不确定性等,使结果与儿童所预期的不同,让儿童感到出乎意料,通过引发儿童的惊叹,激发其进一步探究的欲望。

➡➡职业生涯中丰盈生命

小学教师生命成长离不开职场,职场为教师成长提供生命能量。一方面,小学教师在与儿童交往中秉承"向生命学习"理念,彼此互为师生,共同成长。今天的课堂上,信息不再是单方面由教师输送给学生,而是交互的、共享的,甚至是共同探索创造的;教室不再一味追求安

静,而是期待生命的跃动。教师的角色已由教室中的领导者转变为课堂上的参与者,由知识的灌输者转变为学习的促进者。在此过程中,教师与学生互为师生,共同进步。另一方面,职场是教师终身学习的场所。通过专家讲座、名师工作室、工作坊、双师课堂等多样化学习共同体,一线教师在学习过程中不断增加知识储备,获取生命能量。因此,小学教师不仅担负着助力儿童生命健康成长的重要使命,同时也要在职业生涯中不断追求卓越,成为更优秀的自己,不断丰盈自己的人生。

在教育职场中,教师一方面用自己的生命能量助力学生成长,同时也将从师生交往中获得生命发展所需的能量,让自己的生命更加充实和有意义。师生之间传递的是人类文明的结晶,流淌的是生命的情感,体验的是如何做人、做事、过有意义的生活。因此,教师的职业幸福感源于桃李芬芳的幸福,这种幸福主要体现在助力学生生命健康成长,这种幸福会随着岁月的流逝不断增强。教师职业幸福感是其人生幸福的重要构成部分。

➡➡**时代脉动中丰富小学教育事业**

当今世界瞬息万变,科学技术突飞猛进,人类进入知识经济时代,社会日新月异的变化对教育领域提出了新的挑战和要求。小学教育是教育领域的基础,为人一生的未来幸福奠定基础,其儿童观、学习观、课程观、教学观等都在悄然革新,同时出现了诸多亟须解决的新问题。在新时代背景下,小学教师作为从事小学教育工作的重要角色,既面临着机遇,又面临着严峻挑战。在这个时代,已经涌现出一批对小学教育事业做出卓越贡献的先驱。

▶▶小学教育是个大事业

➡➡小学教育是基础教育的基础

✤✤小学教育在基础教育中的特殊地位

小学教育的特殊地位主要表现为在义务教育阶段的重要地位和在整个教育体系中的基础地位。

(1)小学教育在义务教育阶段的重要地位

义务教育是面向全体公民的教育,是面向未来的事业。义务教育的普及程度、质量直接关系我国经济和社会发展所需的亿万劳动者的素质和各级各类人才的质量,关系社会全面进步的程度和我国的国际声誉及形象。小学教育是九年义务教育的第一阶段,在实施义务教育

中负有直接的重大责任。小学教育的健康发展将有利于从根本上提高国民素质,增强国家人力资源保障,从而有能力应对未来社会对人才需求的挑战。

(2)小学教育在学校教育体系中的基础地位

一个国家的学校教育体系大都分为若干阶段。我国的学校教育体系分为学前教育、初等教育、中等教育、高等教育四大阶段。其中初等教育(小学教育)和中等教育(中学教育)都属于普通基础教育,其连贯性很强,但每个阶段又有其独立的性质和任务。小学教育是各级各类学校教育的基础。从个体来看,优质的小学教育为儿童身心健康发展奠定基础,同时为其接受中等教育提供条件。从国家来看,只有小学教育普及和提高,中等教育和高等教育才能逐渐普及和提高。小学教育在人的终身发展中具有基础性的地位。国际21世纪教育委员会认为,良好的初始教育是开始终身学习的关键。在终身教育理念下,小学教育是以提高国民素质为目标而进行的非定向、非专门的教育,小学教育具有独立的、不依附于其他类型和层次教育的价值。小学教育直接关系到国民素质的整体发展水平,影响到国家的前途与命运。

❖❖小学教育的特性

小学教育作为制度化的学校教育的有机组成部分,它的特性可以划分为三类:一是一般特性,二是主要特性,三是根本特性(本质特性)。这三类特性以根本特性为根基,以主要特性为主干,以一般特性为枝叶。

(1)小学教育的一般特性

①个体性

首先,个体性表现为个体的社会化。儿童受6年螺旋式上升的、渐进式的有目的,有计划,有组织的小学教育影响,成长速度非常快。价值观念的影响促进了儿童个体思想意识的社会化;社会规范内化的影响促进了儿童个体行为的社会化;兴趣、爱好、智能倾向性等指导儿童确定自己未来的理想,促进了他们未来职业的社会化。其次,个体性表现为个体的个性化。小学教育关注的是实现个体生命潜能、满足生命健康的需求;小学教育注重儿童生命的多样性、独特性、个体差异性,帮助不同的儿童形成自己的优势区域和特长;小学教育强调儿童在教育中的积极主动作用,培养他们的主体意识、主体品质。

②社会性

小学教育的社会性是教育社会性的体现。

一是政治性。在我国的小学教育中,体现国家的社会政治制度、法律制度、社会价值观、公民的权利和义务等意识形态的课程主要有道德与法治、班队会活动,以及贯穿于所有课程中的思想性教育内容。开设这些课程旨在使每个儿童成长为社会所需要的合格公民。

二是经济性。虽然小学教育不能直接培养专门化的劳动力,但它为提高劳动者的综合素质奠定了良好的基础,为国家的经济持续发展提供了强大支撑。

三是文化性。人类传承至今的优秀文化是我国小学教育课程内容的重要来源之一,从客观来看,小学教育起着文化传承和文化普及的作用。

四是优先性。小学教育作为基础教育中的基础,是惠及全民的国民基础教育。我们应当充分认识小学教育在促进教育机会均等和教育均衡发展、全面提高国民素质中的重要作用,将小学教育放在优先发展的战略地位上。

③活动性

小学教育的活动性主要体现在两个方面。

一是小学生与教师、同伴的交往。在师生交往过程中,二者都是活动过程的主体,都是具有独立人格的人。教师除了他的正式职能外,他将越来越成为一位顾问,一位交换意见的参与者,与学生相互讨论、激励、鼓舞。生生交往则会形成学习共同体,从而营造良好的学习氛围,形成具有共同话语的公共领域,助力儿童健康成长。

二是小学生与教育内容的融合。小学教育教学活动的开展应该基于小学生的直接经验、密切联系小学生的自身生活和社会生活、体现对知识的综合运用,让小学生在生动而有趣的学习过程中轻松掌握抽象的知识。

(2)小学教育的主要特性

①基础性

小学教育的培养对象是6～12岁的儿童,在整个教育体系中具有基础性地位。一方面,小学教育的基础性表现为它是儿童发展的根本或起点。另一方面,中等教育和高等教育的发展必须以小学教育的发展为

基础和前提。只有具备了普及、优质、发达的小学教育，中等教育和高等教育才可能获得一流的生源。当代教育体系的连续性和连贯性使小学教育的基础性得到前所未有的增强。可以说，当代小学教育是基础教育中的基础。

②义务性

小学教育是义务教育的第一阶段，具有义务教育的特性。首先，体现为普及性、强制性、免费性。其次，体现为全民性，是指小学教育必须面向全体人民，即不分民族、性别、家庭财产状况等依法享有平等接受义务教育的权利。最后，体现为全面性，是指对于每一个特定个体而言，小学教育应该促进他们在各个方面的充分发展，确保他们在德智体美劳各方面得到全面发展。

③游戏性

小学教育活动方式在特征上具有游戏的性质。小学教育阶段的儿童虽然认知能力发展迅速，但是表现出注意力容易分散、不够持久等特点。因此，小学教育应针对儿童身心发展的水平和特点，选取丰富多彩的教育内容，将抽象的知识以趣味化的方式呈现，采用生动、活泼的教学形式，使儿童的学习建立在浓厚的兴趣和趣味之上。这不仅有助于教学目标的达成,还有助于儿童身心的全面发展。

(3)小学教育的根本特性

①奠基性

小学教育是为人的终身发展奠基的阶段。我们要把小学教育定位于为儿童生命的终身发展奠定基础。具体内容包括四个方面:一是为儿童的道德品质发展奠基;二是为儿童的智慧品质发展奠基;三是为儿童的个性品质形成奠基;四是为儿童的身体发展奠基。

②综合性

我国第八次基础教育课程改革明确提出,整体设置九年一贯的义务教育课程,小学阶段以综合课程为主。综合性成为小学教育的典型特征。具体体现在四个方面:一是儿童发展的综合性;二是学生核心素养培育的综合性;三是"五育并举"的综合性;四是教师素养的综合性。

③养成性

小学阶段是人之生命成长历程中的重要阶段,是易受影响的阶段。一个人在此阶段形成的品德与习惯会影响其一生。因此小学教育促进小学儿童养成良好的品德

与习惯就显得非常重要。

④小幼衔接性

小幼衔接是强调小学要主动与幼儿园文化相衔接，主动适应刚刚结束幼儿园学习的儿童，与他们的身心发展状况、生活相衔接，帮助他们顺利完成从幼儿园生活向小学生活的过渡。可以说，从幼儿园教育到小学教育是儿童发展过程中一次重要的历程，在一定意义上决定着儿童今后对学校生活的态度和情感，影响着他们将来的学业成绩和社会成就。帮助儿童顺利适应小学生活是小学一年级重要的教育任务。

➡➡小学教育的"家庭—社会"价值

✤✤小学教育关涉千家万户

小学教育与每一个家庭密不可分。首先，依据《中华人民共和国义务教育法》第二条规定："义务教育是国家统一实施的所有适龄儿童、少年必须接受的教育，是国家必须予以保障的公益性事业。"因此，儿童作为家庭的重要成员，必须依据法律规定接受小学教育；其次，小学教育与家庭教育有着天然不同的特性。家庭教育是儿童一生中最早接受的教育，其本身带有非正规性、天然性、隐秘性、灵活性、针对性、长期性等特点。显然,仅依靠家庭教育的力量是无法促进儿童生命全方位健康成长的。小学教育作为制度化的教育,有系统而严格的教学计划,有受过专业训练的教育人员,是教育的正规形态和主导形态,具有正规性、强制性、主导性等特征。因此,学校教育与家庭教育相辅相成,缺一不可。只有两者密切配合,才能共同促进儿童的健康成长与全面发展;最后,小学教育承载着每个家庭的殷切期待。儿童在学校里取得的每一次进步、收获的每一次奖励、成长的每一个瞬间都牢牢牵涉着父母的爱子之心。每一位儿童都将在小学校这片放飞梦想的蓝天之下,振翅飞向更美好的远方。因此,小学教育不仅关系到儿童终生的事业和幸福,关系到国家的未来和希望,更是关涉着千家万户的未来,寄托着无数家庭对儿童未来的热切希冀。

❖❖❖ 小学教育为社会发展奠定基础

小学教育为我国教育体系奠定基础。我国现有教育体系是由基础教育、职业技术教育、高等教育和成人教育等构成的一个底面大、层次多、重心低、呈宝塔形的立体结构,塔基就是小学教育。从塔形结构中可以清楚地认识到,小学教育的发展和质量,直接影响和制约着职业技术教育、高等教育和成人教育。因此,小学教育作为学生

接受正规学校教育的第一个阶段,成为整个国民教育体系的基础环节,发挥着为整个教育发展奠定基础的作用。只有切实加强小学教育,才能为我国完整教育体系的发展打好基础。

　　小学教育通过为人的全面发展奠定基础,进而为社会持续发展提供人才保障。小学教育是为人的德智体美劳各方面发展打基础的重要阶段,是为人适应未来社会奠定基本素养的关键时期。虽然小学教育不能直接为社会创造物质财富,不能直接促进社会生产力的发展,但它为社会生产力持续而稳定的发展提供了最根本的条件,为社会所需要的人才素养的不断提高打下了扎实的基础。总的来说,我国在中小学阶段实行义务教育,实际上是为小学生的全面发展打下基础,为全民族文化素养的提高打下基础,进而为社会的整体发展奠定坚实的基础。

皆有可能:成为小学教师的条件

> 未来的教师,我亲爱的朋友!在我们的工作中,最重要的是要把我们的学生看成活生生的人。学习——这并不是把知识从教师的头脑中移到学生的头脑中,而首先是教师跟儿童之间活生生的人的相互关系。
>
> ——苏霍姆林斯基

▶▶国家政策中关于小学教师具备的条件

小学教师是基础教育的重要保障者,为了选拔优秀的小学教师,更好地开展小学教育,国家先后出台了相关的政策文件。接下来,为大家重点介绍《小学教师专业标准(试行)》《中小学和幼儿园教师资格考试标准(试行)》《小学教育专业师范生教师职业能力标准(试行)》三个文件。

➡➡**《小学教师专业标准(试行)》**

2012年,教育部发布了《小学教师专业标准(试行)》(以下简称《专业标准》)。这一文件的颁布加强了小学教师的专业性,是国家对合格小学教师专业素质的基本要求,是小学教师开展教育教学活动的基本规范,是小学教师培养、准入、培训、考核等工作的重要依据。因此,无论是新手型教师,还是专家型教师,凡是从事小学教育工作都要符合《专业标准》的要求。《专业标准》由前言、基本理念、基本内容、实施建议四部分组成。其中,基本理念和基本内容对教师来说意义重大,所以这两个部分所占篇幅较多,对小学教师及其工作做出了详细的要求。以下内容以《小学教师专业标准(试行)解读》为参考,对《专业标准》的基本理念和基本内容进行阐述。

❖❖**《专业标准》的基本理念**

作为一名合格的小学教师,心中必定有自己所坚定和相信的东西。正如《专业标准》提出的基本理念:师德为先、学生为本、能力为重、终身学习。这些理念将成为支撑小学教师走向成熟、走向专业的内在动力。

(1)师德为先

小学教师首先是一个作风正派,有着良好品德的教师。"师德为先"居于教师专业的首要位置,突出强调了师德的重要性,这是作为教师的第一要素。小学教师作为一种特殊职业,不仅要传递知识、训练能力,还要为小学生的健康成长奠基。小学教育是需要高度责任感和奉献精神的事业,小学教师要具有良好的职业道德,要富有爱心、责任心、耐心和细心,给予小学生精心的教育培养,做小学生健康成长的指导者和引路人。

(2)学生为本

作为一名教师心中要有爱,教师首先要爱孩子,牵挂学生,"学生为本"是小学教师对待小学生的最基本的态度和行为。小学教师首先要做到关爱小学生的身心健康、生命安全,在这个基础之上,还要"尊重小学生独立人格""相信小学生""积极创造条件,让小学生拥有快乐的学校生活"。

(3)能力为重

作为一名小学教师,不仅要具备专业知识,还要具备一定的工作能力和专业能力。这些能力体现在,小学教师能在认识与了解小学生的基础上,根据小学生的特点和需求调整教学方法和实践;小学教师能将学科知识、教育理论与教育实践有机结合,不断研究,改善教育教学工

作;等等。

(4)终身学习

在这个瞬息万变的社会中,不仅学生要学习,教师也要不断地学习,"育人"的同时还要"育己"。教师专业发展是一个不断完善的过程,小学教师要了解社会的变革和教育的发展,了解不同年代儿童的变化,把握国内外教育发展的动向,不断充实和提高自己,做终身学习的典范。

❖❖《专业标准》的基本内容

在基本理念的指导下,《专业标准》的基本内容从专业理念与师德、专业知识和专业能力三个维度对小学教师提出了详细的要求。

(1)专业理念与师德

"专业理念与师德"对小学教师来说至关重要,这是合格教师在个人修养和素质方面的基本要求,主要包括小学教师对职业的理解与认识、对小学生的态度与行为、对教育教学的态度与行为、个人修养与行为四个方面。

首先,不管从事何种职业,从业者对自身从事的工作都要有正确的认识。小学教师对职业的正确认识会让小学教师在教育生活中自然流露出对工作积极向上的情绪、情感和态度,例如具有良好的职业道德修养,充满敬业精神,为人师表,等等。其次,小学教师要有正确的学生观,要关爱小学生,尊重和信任小学生,积极创造条件,让小学生拥有快乐的学校生活。这里需要强调的是,小学教育的一切工作都要以小学生的健康成长为根本,这是做好小学教师工作的重要前提。同时,小学教师还要有正确的教育教学观。过去,我们看重小学教师的教学技能;现在,我们更加注重学生的实际情况和教育本身的育人作用。小学教师要时刻心系学生,为每个小学生提供适合的教育,通过小学生的成长发展来反映教育教学质量的提升。最后,回到小学教师本身,作为一种巨大的隐性教育资源,小学教师的个人修养与行为对小学生意义重大。这就需要小学教师要富有爱心、责任心、耐心和细心,勤于学习,不断进取。除此之外,还要具备乐观向上、热情开朗、有亲和力的性格,时刻关注自己的衣着是否整洁得体,举止是否文明礼貌,牢记为人师表。

(2)专业知识

小学教师虽然面对的是小学生,但是却需要了解很多知识,如小学生发展知识、学科知识、教育教学知识和通识性知识等。了解小学生,是小学教师做好教育教学

工作的前提。小学生发展知识是合格小学教师应具备的专业知识的重要组成部分。因此,小学生发展知识在四个领域的知识中所占比重较大,这体现了小学教育服务于小学生的性质特点。

作为一名小学教师,首先要了解和掌握有关的法律法规及政策规定,不同年龄及有特殊需要的小学生身心发展特点和规律,小学生安全防护的知识。小学教师能够运用这些知识来保护和促进小学生的生存与健康发展。

虽然小学阶段已开始了分科教学,但是学科内部和不同学科之间的综合性依然很强。即使是某一学科知识的教学,也离不开其他学科知识的支持。所以,小学教师要在掌握所教学科知识的基础上了解该学科与社会实践和其他学科知识之间的联系,促进学科的融会贯通。当然,小学教师只具备学科知识还不够,还要知道如何将这些学科知识被孩子所理解、接受、吸收,如此看来,小学教育教学的相关知识就显得尤为重要。小学教育教学的相关知识主要包括:小学教育教学基本理论、不同年龄阶段小学生的认知规律和教育心理学的基本原理和方法、所教学科的课程标准和教学知识等。这是帮助小学教师传道授业解惑的通行证,只有拥有这把"密钥",小学教师才能更好地开展教育教学工作,既教书又育人。

小学教师既是专业人,又是社会人。除了具备以上这些专业的知识,小学教师还需要具备更加综合的通识性知识,比如相应的自然科学和人文社会科学知识、相应的艺术欣赏与表现知识等。这些知识能帮助孩子解决学习和生活中遇到的一些问题,是小学教师知识系统中不可或缺的组成部分。总的来说,小学教师的知识储备既要全面,又要系统,还要与时俱进。

(3)专业能力

对于小学教师来说,只具备相应的知识还不足以胜任小学教育教学的工作,小学教师还要具有运用这些知识的能力。这里提到的能力主要包括:教育教学设计能力、组织与实施能力、激励与评价能力、沟通与合作能力、反思与发展能力。

相信大家一定听说过"备课"这个词。教师在正式上课之前都要经过"备课"这一环节。这是教师在分析学生已有知识和现有水平的基础上,对课堂教学目标、教学流程、教学活动、课后评价等内容提前计划的过程。最后的成果是形成一份教学设计。因此,教师要具备一定的教育教学设计能力。

完成前期的教育教学设计后,下一步就是课堂的组织与实施。实施教学设计听起来容易,实际上则充满难度。虽然小学教师在正式教学前进行了教材分析和学情分析,但是即时的课堂使得当下的每一秒教学都是新的和无法预料的。因此,小学教师要快速掌握学生当时的学习情况,及时发现有需求的小学生并给予恰当的指导和帮助,以及沉着冷静地面对各种突发事件并妥善处理,等等。以上这些能力的培养需要小学教师在大量的实践中摸索、总结和学习。

教、学、评一致性原则使得小学教师的教学评价成为教育教学工作中不可缺少的重要一环,这既是对小学教师教学成果与问题的审视,又是对小学生学习效果的分析。需要注意的是,小学教师的评价要做到公平公正,以每位小学生的实际情况为依据,确保评价起到促进小学生发展的积极作用,这样才能帮助小学生树立自尊心和自信心,帮助他们形成积极的自我意识。

小学教师除了要完成本职工作,还有大量人际交往的需求。小学生、学校领导、同事、学生家长、社区工作人员等都是小学教师在日常工作中能接触到的工作对象。因此,小学教师需要具备一定的沟通与合作能力,处理好人际关系,做好教育教学的辅助工作。这不仅是对小学教师提出的要求，更是这个时代对所有参与其中的社会人提出的基本要求。

小学教师和小学生一样，也需要不断地成长和进步。小学教师的成长与进步来源于教师发现教育教学中出现的各种问题，采用多种方法和途径搜集相关资料，主动分析问题和剖析问题，在专业发展的道路上持续进行研究与反思，从而不断提高小学教师自身和小学教师整体的专业素质与能力。

➡➡《中小学和幼儿园教师资格考试标准（试行）》

现如今，成为一名小学教师听起来容易，实际上则需要满足一定的条件。2011年，教育部发布了《中小学和幼儿园教师资格考试标准（试行）》（以下简称《考试标准》）。这意味着成为一名小学教师需要通过中小学教师资格考试并获得中小学教师资格证书，这是从教的前提。这类考试在从事教师职业人员所必需的职业道德、专业知识与专业能力方面对教师的个体素质进行了初步的筛选。

✣✣考试内容

师范生在考试前需要从"职业道德与素养""教育知识与应用""教学知识与能力"三个方面着手准备。

(1) 职业道德与素养

《考试标准》对"职业道德与素养"在职业理念、职业规范、基本素养三个方面提出了基本要求。

作为小学教师一定要秉持正确的职业理念。了解国家的教育方针,正确分析和评判教育现象;了解小学生发展的特点,关爱小学生,公正对待小学生;了解教师专业发展的要求,坚持终身学习与自主发展,等等,都是小学教师职业理念所包含的内容。

学高为师,身正为范。作为基础教育的重要参与者和实施者,小学教师的言行举止对小学生一生都会产生重要的影响。"职业规范"要求小学教师了解国家主要的教育法律法规;熟悉并践行教师职业规范,能自觉约束自己的职业行为,牢记为人师表。

学生喜欢的小学教师大多都是"博古通今"、公平公正、风趣幽默、谈吐文雅的人。其实这些是教师的基本素养。在知识上,小学教师需要了解相应的自然科学和人文社会科学知识,具有较好的文化修养;在能力上,小学教师要掌握一定的阅读理解能力、表达能力、沟通能力和信息处理能力;在行为举止上,小学教师要具有良好的心理素质,能尽快调节好情绪,言行文明优雅,板书规范美观。

(2)教育知识与应用

教育知识与应用重点考察教师对教育教学和学生发展的规律及基本原理的了解和掌握程度,主要包括教育基础、学生指导和班级管理三个方面。

作为小学教师,首先要了解小学教师所做工作的相关知识,例如教育理论的基本知识,小学教育规律与小学生特点的相关知识,基础教育课程改革的动态和发展情况,教育研究的基本理论和方法,小学组织运行的基本知识和要求,等等。小学教师有了这些知识储备之后能够随时随地从中择取,在需要的时候加以运用,不断调整和补充,实现其动态发展。

小学教师是小学教育者的同时更是孩子成长的陪伴者、知心人、好朋友。小学教师要时刻了解小学生思想品德发展的规律,了解小学生身心发展和认知的特点与个性差异,了解小学生学习心理发展的规律,了解小学生日常卫生保健、传染病预防和意外伤害事故的相关知识,等等。这些知识为小学教师走进小学生内心,为其营造一个安全、和谐、轻松、愉悦的学习氛围提供了理论保障。

成为一名小学教师意味着在成为一名学科教师的同时,还有可能成为班主任教师。无论是否担任班主任工

作,做好班级管理都是教师的必修课程。管理好班级的前提是小学教师要了解班级管理的一般原理和方法,了解学习环境、课外活动的组织和管理知识,了解人际沟通的方法,等等,并在恰当的时候灵活运用。

(3)教学知识与能力

教学知识与能力重在考查教师对学科本身和课堂教学所涉及的基本知识的掌握和相关方法的运用情况,主要包括学科知识、教学设计、教学实施和教学评价。

首先,小学教师要对所教学科有所了解。其次,在课堂内,小学教师要分析学生的学习需求,做好符合师生双方的教学规划;在课堂外,小学教师要了解小学综合课程和综合实践活动的基本知识,根据教学要求和学生兴趣设计活泼有趣的课外活动。另外,小学教师根据教学需要创设与本节课相符的教学情境,有序地组织教学,在这一过程中可以适时地运用教育技术来指导学生学习,做好学习活动的辅助工作。小学教师在完成课堂教学后还要进行教学评价。这需要小学教师了解教学评价的知识与方法,能对学生的学习活动进行正向的反馈,同时,还要了解教学反思的基本方法和策略,反思自己的教学,进而明确改进教学的思路。

❖❖关于师范生免试认定中小学教师资格

2022年,教育部发布了《关于推进师范生免试认定中小学教师资格改革的通知》。简单来说,师范类本科专业毕业的学生,可以进行有条件的免试认定教师资格证。这个条件就是,你所就读的高等学校师范类专业,要通过普通高等学校师范类专业认证,认证级别由低到高分为第一级认证、第二级认证、第三级认证。

第一级认证为基础认证。

通过第二级认证专业的师范毕业生只需要参加国家教师资格统一考试的笔试,由高校自行组织面试工作。

通过第三级认证专业的师范毕业生不需要参加国家教师资格统一考试的笔试和面试,由高校自行组织笔试和面试工作,合格者发放教师资格证书。

因此,教育部发布的这项通知是已通过认证的师范院校给师范生带来的巨大福利。同学们在选择院校专业时,不妨查一查相关院校的专业认证级别,或许能为自己的选择带来一些帮助。

➡➡《小学教育专业师范生教师职业能力标准(试行)》

《小学教育专业师范生教师职业能力标准(试行)》

(以下简称《能力标准》)以《专业标准》为基础,是小学教育专业师范生在职业能力方面的具体延展,是新时代小学教师核心素养在职前培养阶段的具体目标,主要包括师范生的师德践行能力、教学实践能力、综合育人能力和自主发展能力。

❖❖师德践行能力

师德践行能力对立志从教的师范生在为人处世的素养上做出了明确的规定。小学教师既要遵守师德规范,又要涵养教育情怀。遵守师德规范主要表现在小学教师要学习贯彻习近平新时代中国特色社会主义思想,形成对中国特色社会主义的思想认同、政治认同、理论认同和情感认同,能够在教书育人实践中自觉践行社会主义核心价值观,立志成为有理想信念、有道德情操、有扎实学识、有仁爱之心的好老师;立德树人,培育发展学生的核心素养;遵守相关法律法规,遵守教师职业道德和规范,履行应尽义务;等等。涵养教育情怀主要表现在小学教师要具有家国情怀,热爱教育事业,领会小学教育对学生发展的意义和价值;公正平等地对待每一位学生,保护学生安全,促进学生身心健康发展;爱岗敬业,富有爱心、责任心、细心和耐心;具有健全的人格和积极向上的精神,具有人文底蕴、科学精神和审美能力，仪表整洁，举止文明礼貌；等等。

✥✥教学实践能力

教学实践能力对立志从教的师范生在本职工作能力方面做出了明确规定。小学教师的教学实践能力包括掌握专业知识、学会教学设计和实施课程教学三个方面。"掌握专业知识"对小学教师在教育基础、学科素养、信息素养和知识整合方面做了相关要求。"学会教学设计"要求小学教师熟悉课程标准，掌握技能，分析学情，设计教案。"实施课程教学"要求小学教师能够创设情境，组织教学，做好学习指导和教学评价，积累相关经验，不断完善每一次教学。

✥✥综合育人能力

综合育人能力对立志从教的师范生在教育教学初心和导向上做出了明确规定。无论是班级指导，还是课程育人、活动育人，小学教师都要树立德育为先的教育理念，在此基础上，根据学生身体、情感发展的特性，以及学科核心素养与活动对学生发展核心素养方面产生的作用，多方法、多渠道开展育人工作，培养学生适应终身发展和社会发展所需的正确价值观、必备品格和关键能力。

✧✧ **自主发展能力**

自主发展能力对立志从教的师范生在专业成长和发展上提出了要求。小学教师要在做好教育教学工作的同时，注重与共同体的交流和合作，持续学习，不断促进自身专业的成长。"注重专业成长"意味着小学教师能够规划自己未来的发展，不断反思、改进、研究自己的工作。具体表现在，小学教师要具有终身学习与自主发展的意识；小学教师能够对教育教学实践活动进行有效的自我诊断；小学教师能在信息技术环境下开展自主学习。小学教师要掌握团队协作的基本策略，做到小组互助、合作学习，以及运用一些教育科研方法分析和研究小学教育教学的实际问题。

▶▶ **招生政策关于小学教师的入门条件**

百年大计，教育为本！小学教育专业作为培养小学教师的摇篮，其责任重大。为应对国家对小学教师之需，小学教育专业将以培养具有未来教育家潜质的卓越小学教师作为发展方向。如此一来，就要从提前面试和高考两个环节来把握生源质量，持续提高师范人才培养的质量，为毕业生具备其应有的核心竞争力提供保障。

➡➡面　试

✤✤面试是怎么一回事呢？

成为小学教师要具有强烈的职业认同。有些考生本身所具有的热爱教育、热爱儿童和乐教、适教的精神与潜质，使得他们在报考小学教育专业时具有更强的优势。为了留住这些优秀学子，保障生源的质量，有的学校率先在全国进行专业面试。这些学校对招生面试的生源范围和面试内容等进行了明确的规定和全面的设计。他们的要求是面试合格才能报考。所以，只有通过面试才能拥有报考小学教育专业的资格。以北京地区为例，每年参加面试的考生数量约占当年北京市考生的十分之一。由此可见，愿意从事小学教育，成为小学教师的考生大有人在。

✤✤面试报名有什么条件？

因为小学教育专业毕业生在正式上岗前要取得教师资格证书，所以凡是立志要从事小学教师这一职业的考生在报名面试之前需要查看报考院校所在地区的"教师资格认定体格检查标准"及当年院校招生体检实施办法的相关要求。当考生符合这些条件和要求时才有机会参加面试。

✣✣面试都考察什么?

有面试要求的学校每年会制定该校小学教育专业招生录取实施办法并对外公布。在文件中会有明确内容说明招生面试的一些要求和考察点。例如,某高校小学教育专业招生面试内容见表1。

表1 某高校小学教育专业招生面试内容

内容	说明
语言素质	考核普通话水平、语言组织与表达能力、思辨能力等
体态仪表	考核五官、形体、动作协调性等
汉字书写	考核简化字书写规范和书写能力
音乐素质	考核音准、音质等
职业倾向测试	心理测试

✣✣面试需要达到什么要求?

小学教育专业的面试结果分为合格与不合格。还是以上文某高校小学教育专业招生面试为例,只有当考生的体态仪表和语言素质单项均合格且总分达到划定的合格分数线时,面试成绩才算合格,才有机会被小学教育专业录取。若有考生重复参加面试,则以第一次面试成绩为准。

➜➜高 考

为了吸引热爱儿童、乐教爱教的优秀生源,有些学校的小学教育本科生几乎都是高考第一志愿录取的。随着国家和社会对高质量教育的呼声越来越高和自己对教育事业的热爱，越来越多的高分考生在有机会选择其他热门专业的情况下毅然决然地报考了小学教育专业。由此可见小学教育专业散发着其特有的魅力。

❖❖❖不同地区的高考会有优惠政策吗？

各地区各院校有不同的招生政策。以北京市某师范高校为例，为促进北京市教育的均衡发展，积极探索支持乡村教师培养的定向招生，自2017年始该校开始进行乡村教师计划的定向招生，见表2。

表2　北京市某师范高校招生政策

专业方向	年份	人数	最高分	最低分
乡村方向	2017	20	566	525
	2018	32	599	521

除此之外，2022年该校小学教育专业首批招收32名新疆生源师范生，由此开启了为新疆地区培养卓越小学教师的大门。

❖❖❖小学教育专业的高考录取有什么特殊要求？

下面以北京市某师范高校为例。

（1）语种要求：小学教育（英语师范）专业只招收英语

考生，其他方向不限考生语种。入学后公共外语只开设英语。

（2）师范类体检要求：报考师范类专业的考生应符合《北京市教师资格认定体格检查标准（试行）》，如有不符，不能录取到师范类专业。例如有下列疾病或生理缺陷者，不适宜从事教师工作或相关教学岗位的工作：有精神病史；严重口吃，吐字不清，持续声音嘶哑、失声及口腔有生理缺陷并妨碍发音；两耳听力均低于2米；等等。

（3）教师资格认定：根据教育部关于印发《教育类研究生和公费师范生免试认定中小学教师资格改革实施方案》的通知要求，招收教育类研究生、公费师范生的高等学校可以参加免试认定改革，实施免试认定改革的高等学校应根据培养目标分类对本校教育类研究生、公费师范生开展教育教学能力考核，考核合格的毕业生可凭教育教学能力考核结果，免考国家中小学教师资格考试部分或全部科目。根据自愿原则，教育类研究生、公费师范生也可自行参加国家中小学教师资格考试，申请认定相应的教师资格。

（4）师范生签约：根据《北京市师范生公费教育实施

细则》文件的要求,公费师范生入学前须与学校和本市教育行政部门签订《北京市师范生公费教育协议书》。

(5)师范生就业与升学:《北京市师范生公费教育实施细则》规定:按照事业单位新进人员公开招聘制度的要求,组织用人学校与毕业生在需求岗位范围内双向选择,开展供需见面和交流,为每位毕业的公费师范生落实任教学校和岗位。公费师范生入学前与学校和本市教育行政部门签订《北京市师范生公费教育协议书》,承诺毕业后从事本市中小学校、幼儿园教育教学工作(含教育行政及相关部门审批注册的中等及中等以下的学历教育机构)满五年以上,在协议规定服务期内,可在学校间流动或从事教育管理工作。到城镇义务教育学校工作的公费师范生,应到农村义务教育学校任教服务至少一年。鼓励公费师范毕业生长期从教、终身从教。公费师范生违反教育协议的须退还在校期间享受的专业奖学金和培养费用(含免缴的学费、取得的生活补助等)。

▶▶成为小学教师之人的个性特点

➡➡喜欢孩子

如果把学生比作小舟,教师比作水,那么这水的源头

也许就是爱心。喜欢孩子是做好一名小学教师的前提。小学教师要发自内心地尊重孩子,发现每个孩子的优点和长处,看到孩子渴望求知的眼神;小学教师还要像母亲一样无私地关爱学生、包容学生,从学生生命成长的需要出发来促进学生的健康发展。喜欢孩子是一种天性,是一种情感,是一种心向。喜欢孩子的教师具有童心、怜悯心和同情心。

能成为小学教师的人是幸运的人,是幸福的人,是有福分的人。喜欢孩子的小学教师非常乐意和孩子交往,喜欢和孩子待在一起,他们觉得这是一个幸福又快乐的过程。这样的小学教师能走进儿童的内心世界,了解儿童的烦恼与困惑,认知儿童的智能与发展,他们是具有高度职业认同的小学教师,是极具职业成就感的小学教师。只有那些始终不忘记自己也曾是一个孩子的人,才能成为真正的小学教师。

➡➡**亲和力强**

亲和力是小学教师具有的重要素养之一。作为一种隐性的资源,亲和力是教师在言传身教的过程中自然流露出来的让学生亲身感受到的亲切感和信任感,是形成和谐、民主、开放的师生关系的黏合剂,是师生情感表达和交流的润滑油。古人云:亲其师,信其道。小学生会因为自己受到一个亲近且信任的教师的表扬而欣喜不已,也会因自己受到批评而感到格外愧疚。亲和力强的小学教师有其高尚的人格魅力和富有艺术感的教学魅力。在通过与他人的接触中,他们时时刻刻都在散发着强烈的情感凝聚力,依靠这种无形的力量将身边的人都凝聚在一起。小学教师的情感是真诚的,是发自肺腑的,充满着教师对孩子的无限期望与热切关怀。亲和力越强的教师越能走进儿童的内心,越能得到学生的尊重和爱戴。亲和力强的小学教师从内表现为良好的涵养,从外体现在亲善的言行。

亲和力强的小学教师具有良好的涵养是指他们为人阳光开朗,保持积极平和的心态,性格温和,不暴躁;恪尽职守,谦虚谨慎,公正平等地对待每一位学生,关怀体贴每一位学生,激励、唤醒、鼓舞每一位学生,在充满希望的爱中与孩子和谐共处。

✥✥✥ 乐观的人

人们往往喜欢乐观的人,喜欢轻松愉快的环境,喜欢听幽默有趣的话语。具有乐观心态的小学教师走进学生中间,孩子自然就会感到快乐,能够在很融洽的氛围中自

由交流和沟通。这样的小学教师具有较强的亲和力,他们以崇高的教育事业为荣,对周围的人和事从不耿耿于怀。既不苛求自己,又不限制学生,始终向着自己的目标勤勤恳恳地努力着,以坦然、乐观的心态面对工作中和生活中的挫折,学会让自己释然。

❖❖ 真诚的人

真诚是人与人交流的基础。小学教师要拥有一颗真诚的心,像父母,更像伙伴,真正把学生当成自己的知心朋友。当学生学习成绩下降时,我们不应训斥和苛责,而是要了解基本情况,给予适当的指导;当学生不小心打碎了花瓶时,我们要第一时间关心学生是否受伤,而不是责备他为什么在这里打闹。小学教师要与学生平等相处,让学生感受到我们发自内心的关怀。

❖❖ 平易近人的人

作为教育者和教育对象,小学教师和学生之间只有心灵不断靠近才能在教育教学上取得更好的效果。师生之间,地域距离是表象,心灵距离才是根本。心灵的靠近需要作为成年人的教师放下自己的"师道尊严",找到自己的童心,融入孩子的世界,在校园中和孩子一起学习和成长。

小学教师具有亲善的言行是指他们在日常生活中经

常洋溢着开心的笑容,乐于与学生交流,在人际交往中善于倾听,说话风趣幽默,富有感染力,能吸引学生的兴趣和好奇心,积极主动为各方面有困难的学生提供适当的帮助和指导。

❖❖微笑常在的人

微笑是亲和力强的重要表现方式。对于小学生来说,爱笑的教师脾气好,温柔待人,乐观向上。当学生看到自己的教师时常微笑着和自己说话时,学生会认为教师是喜欢我的,这是教师对我的关心,也是教师对我的赞许。教师的微笑有多重含义,通过微笑,教师可以向学生传递自己的认可、赞赏、期待,甚至是谅解。因此,小学教师不应吝啬自己的微笑,学会微笑,是展现亲和力的开始。

❖❖乐于助人的人

小学教师的亲和力要有优良的品行去感化学生。作为"身教"榜样的一种表现形式,乐于助人首先需要小学教师时刻关注学生的情况和需求,其次小学教师要察觉到学生需要帮助的时机和提供支持的程度,最后小学教师要根据困难的程度为学生提供适当的资源和指导。牵挂孩子,关爱孩子,发展孩子是小学教育工作者固有的内

在精神品质。即使是走出校园,当看到有儿童需要帮助时,我们也会下意识地走上前送上真诚的问候,及时为其消除顾虑。

❖❖风趣幽默的人

富有幽默感的人似乎无形之中就会吸引很多人,更容易让别人看到和接受。富有幽默感的小学教师更容易吸引学生的目光,拉近师生之间的距离,快速地让学生对其产生好感,这就是幽默的魅力。幽默感强的小学教师总是能一句话解除学生心中的顾虑或疑问,瞬间减轻彼此之间互动的压力,恰到好处地辅助教学或交流的顺利进行,从而达到"润物细无声""忠言不再逆耳"的效果。

➡➡迷恋他人成长

加拿大教育家马克斯·范梅南教授在其专著《教学机智——教育智慧的意蕴》中阐述了他对教育的理解。马克斯·范梅南对此有着独特的观点,他认为"教育学就是迷恋他人成长的学问。"比起那些教科书式的阐述,马克斯·范梅南对教育的理解更显人性的温度,也揭示了教育的本质。作为基础教育工作者,小学教师始终对学生有一种教育学的意向,在学生成长的道路上心怀一种出于向善的、为学生向好的动机和意愿。这种动机和意愿会时刻牵动着小学教师在学生发出召唤的时候主动做出回应，引导小学教师经常思考什么对学生好，什么对学生不好，如何做对学生有益，要避免受到哪些负面的影响，等等。当小学教师对学生的这种牵挂足够强烈的时候，就会达到一种迷恋的状态。小学教师对学生成长的迷恋，意味着小学教师对学生发自内心地喜欢，看到了学生有着巨大的潜力和未来，小学教师成为学生发掘潜能的坚信者；小学教师对学生成长的迷恋，意味着小学教师要明确自己的定位，发挥自己应有的作用，成为学生前进道路上的助推者；小学教师对学生成长的迷恋，意味着小学教师心里时时牵挂着学生，在责任的驱动下看到学生做出向善向好的转变，成为学生健康成长的见证者和欣赏者。

❖❖ 相信儿童成长

在一个大集体中，作为小学教师，要知道每个孩子都是独一无二的，各具特点和优势。不管是内向的、外向的、开朗的、腼腆的、调皮的孩子，小学教师都会用心和他们交往。在交往的过程中就会发现，孩子都有他们各自可爱的地方。有的孩子记忆力较好，学东西很快；有的孩子动手能力很强，做手工又好又快；有的

孩子外表腼腆,实际上却助人为乐;有的孩子大大咧咧,很擅长交朋友;有的孩子虽然调皮,但却蕴含着与生俱来的善良。每个孩子都有他存在的价值和意义,当我们看到学生缺点的同时,又要能发现他们的优点。就像《你生来就是要当冠军》一文中说的那样,"每个生命个体都是经历了千难万险,冲破了重重阻碍才来到这个世界的,有什么理由不认为自己的孩子就是最棒的呢!"因此,小学教师要感知孩子的存在,看到每个孩子身上与生俱来的成长性和发展性。

相信孩子,当然不是简单敷衍地给他们戴上一顶不切实际的"高帽子",违心地、虚饰地给孩子以赞美或肯定只会误导了孩子。我们要做的就是在用心陪伴孩子成长的过程中,真心地发现他们的独特和可爱,由衷地表达出赞叹与欣赏,引导孩子不断地肯定自己。唯有这样,孩子才会从小学教师真切的情感表达中感受到被爱与关怀,体验成长的快乐,爱上无拘无束的童年。

❖❖助力儿童成长

作为学生成长的助力者和赋能者,小学教师在教育教学过程中需要做到以下几点。一是"望",即观察,是指小学教师能够细心观察,了解每个孩子的发展情况和每日状态,通过观察学生在课上和课下表现出来的神、色、形、态来推断学生的情绪、注意力、意志和兴趣等。小学教师应特别注意观察学生的面部表情,因为面部是五官之府,能充分体现喜、怒、哀、乐等情绪。例如,上课时学生面露疑惑,突然皱眉;平时课上举手发言、课下活蹦乱跳的学生突然变得不积极;课间活动时独来独往的学生,等等,小学教师都应该去询问、关心、提醒,了解具体情况,这是小学教师开始走向学生的第一步。二是"闻",即听,是指小学教师兼听则明,善于且乐于倾听孩子的建议和心声。语言是人们表达想法的最直接的形式,小学教师通过了解和搜集各种细节和线索为自己做出科学正确的判断做铺垫。从学校的角度来说,小学教师要听取任课教师的课堂评价与反馈、教学互动的积极性与全面性等;从学生的角度来说,小学教师要了解小群体的交往是否融洽、课余活动、学生爱好和习惯等;从家长的角度来说,小学教师要了解学生的家庭背景、家庭氛围、父母教养方式、生活习惯等。三是"问",即询问,沟通是我们最基本和最常用的交流方式之一。小学教师要与学生敞开心扉,彼此坦诚相待,与学生毫无耐心地交流和旁敲侧击往往无法获得我们想要的信息。

通常情况下,"闻"和"问"是联系在一起的,两者结合运用往往能获得更深入的认识。在此基础上,小学教师要暂时忘记成年人的身份,以平等谦和的态度通过儿童视角和儿童思维进入他们的世界,了解其所思所想,所见所感,在建立和谐、平等、友好、开放师生关系的同时,慢慢推开心门,做好教育教学工作。四是"切",即精准"把脉","对症下药"。这需要小学教师在"望出了""闻遍了"和"问到了"的基础上找出"病因"或"症结"所在,结合搜集到的信息和已有判断,帮助有需要的学生消除顾虑和心理障碍,通过与不同人的交往,如教师本身、任课教师、关系好的同学、孩子家长等为其提供多渠道的指导和支持,从而为儿童全面健康的成长开辟道路,提供能量。

❖❖❖ 乐享儿童成长

看到儿童实实在在地进步,感受到真实发生的教育效果是作为一名小学教师职业幸福感和成就感的重要源泉。在教书育人的道路上与儿童一起成长,见证孩子的同时也见证了自己。乐见儿童成长、欣赏儿童成长体现了小学教师和学生在人格上的平等。知识和能力固然重要,但是比起知识和技能,学生更需要激励,更愿意听到教师表扬自己、赞赏自己。这就要求小学教师应看到人性中美好的一面,看到每个学生追求进步、积极向上的发展倾向,看到他们善良、可爱、好学、求知的一面。我们要以平常心去看待孩子的每一个优势和长处,具体而有针对性地表扬他们的每一次改变,学会在日常小事中发现学生的闪光点,肯定他们的价值,不断帮助学生建立起自尊心和自信心。当学生犯了错误,经历失败时,不能一味地责骂惩罚,而是要根据事情发生的原因以宽广的胸怀给予学生宽容和鼓励,更重要的是引导学生采取恰当的方式,及时扭转时局,将事件的负面影响降到最低。我们相信,对于孩子来说仅仅是为他们提供一个改正错误的机会,都有利于教师在学生心目中树立起一个负责、宽容、有爱的良好形象,有利于师生关系的和谐稳定。对此,我们应该有足够的信心从细微之处感受孩子的进步,见证孩子的成长历程。

欣赏儿童,享受教育就是每当走在校园里,孩子会像小燕子一样扑过来,想要牵手、拥抱;就是孩子迫不及待地想分享自己学习的新本领。幸福具有美妙的感染力。只有幸福快乐的小学教师才能培育出幸福快乐的学生。实际上,教师的内在幸福是教师无私奉献的价值根基,只有对教育事业发自内心的热爱,在迷恋他人成长的过程

中实现自我成长,这样的享受教育才是坚守教育的内核与根基,这样的享受教育才是爱的教育,是充满人情味、富有生命力、关怀生命成长的教育。

枝繁叶茂：小学教育专业的课程图谱

> 为了顺利地完成自己的任务，一个教师应当掌握深刻的知识，受过很好的师范训练，具备很高的一般文化水平和明确的思想政治方向性。
>
> ——赞科夫

▶▶小学教育专业课程设置依据

小学教育专业的师范生入学后将会学习到哪些课程呢？实际上，各校小学教育专业为师范生设置了丰富的课程，虽各具特色，但思路及框架却是有章可循的。如果了解了这些课程设置依据，就可以整体把握所在学校的课程设置与发展方向。

➡➡ 以遵循国家标准为基石

✦✦ 教师教育课程标准

2011年,教育部发布了《教师教育课程标准(试行)》,提出小学职前教师教育课程要引导未来教师理解小学生成长的特点与差异,学会创设富有支持性和挑战性的学习环境,满足他们的表现欲和求知欲;理解小学生的生活经验和现场资源的重要意义,学会设计和组织适宜的活动,指导和帮助他们自主、合作与探究学习,形成良好的学习习惯;理解交往对小学生发展的价值和独特性,学会组织各种集体和伙伴活动,让他们在有意义的学校生活中快乐成长。

《教师教育课程标准(试行)》给出了师范生在校学习期间的六大学习领域,并提供了一些建议课程。这六大学习领域分别是儿童发展与学习领域,包括儿童发展、小学生认知与学习等;小学教育基础领域,包括教育哲学、课程设计与评价、有效教学、学校教育发展、班级管理、学校组织与管理、教育政策法规等;小学学科教育与活动指导领域,包括小学学科课程标准与教材研究、小学学科教学设计、小学跨学科教育、小学综合实践活动等;心理健康与道德教育领域,包括小学生心理辅导、小学生品德发展与道德教育等；职业道德与专业发展领域，包括教师职业道德、教育研究方法、教师专业发展、现代教育技术应用、教师语言、书写技能等；教育实践领域，包括教育见习、教育实习。同时也对修读学分提出了一些要求，以四年制本科为例，师范生在四年的学习阶段，至少要修读32学分的课程并参与18周的教育实践活动。

❖❖❖ 小学教育专业认证标准

2017年，教育部发布《普通高等学校师范类专业认证实施办法（暂行）》，开启了师范类专业认证时代。当前，包括小学教育专业在内的各师范专业正基于专业认证标准进行小学教育专业建设。标准针对课程与教学也提出了一些具体要求，帮助小学教育专业完善原有课程体系，提升人才培养质量。

课程设置方面：应符合小学教师专业标准和教师教育课程标准要求，跟踪对接基础教育课程改革前沿，能够支撑毕业要求达成。

课程结构方面：体现通识教育、学科专业教育与教师教育深度融合，理论课程与实践课程、必修课程与选修课程设置合理。各类课程学分比例恰当，通识教育课程中的人文社会与科学素养课程学分不低

于总学分的10%,学科专业课程学分不低于总学分的35%,教师教育课程达到教师教育课程标准规定的学分要求。

课程内容方面:体现小学教育的专业性,注重基础性、科学性、综合性、实践性,把社会主义核心价值观、师德教育有机融入课程教学中。选用优秀教材,吸收学科前沿知识,引入课程改革和教育研究最新成果、优秀小学教育教学案例,并能够结合师范生学习状况及时更新、完善课程内容,形成促进师范生主体发展的多样性、特色化的课程文化。

课程实施方面:重视课堂教学在培养过程中的基础作用。依据毕业要求制定课程目标和教学大纲,教学内容、教学方法、考核内容与方式应能支持课程目标的实现。注重师范生的主体参与和实践体验,注重以课堂教学、课外指导提升自主学习能力,能够恰当运用案例教学、探究教学、现场教学等方式,合理应用信息技术推进教与学的改革,提高师范生学习效果。课堂教学、课外指导和课外学习的时间分配合理,技能训练课程实行小班教学,形式多样,富有成效,师范生"三字一话"等从教基本功扎实。校园文化活动具有教师教育特色,有利于养成从教信念、专业素养与创新能力。

课程评价方面：定期评价课程体系的合理性和课程目标的达成度，并能够根据评价结果进行修订。评价与修订过程应有利益相关方参与。

➡➡以满足社会需求为要旨

百年大计，教育为本；教育大计，教师为本。师范生毕业后将进入基础教育一线，担当起教书育人的职责。我国当前正在推进高素质专业化创新型教师队伍建设。各小学教育专业为向社会输送卓越教师正不断完善课程设置。师范生如能充分理解当前社会对教师的需求，将有助于在校期间的学习及后续发展。

✤✤对高素质教师的需求

什么是高素质的教师呢？实际上，有理想信念、有道德情操、有扎实学识、有仁爱之心的"四有"好老师蕴含着党和人民对高素质教师的期待，对小学教育专业的课程设置产生重要影响。近年来，各小学教育专业通过增新课、改旧课等方式完善课程体系，全面提升教师素质，引导师范生争做学生锤炼品格、学习知识、创新思维、奉献祖国的引路人。

❖❖对专业化教师的需求

教师是履行教育教学职责的专业人员,承担教书育人,培养社会主义事业建设者和接班人、提高国民素质的使命。那么,社会对专业化教师有哪些期待呢?这主要体现在专业伦理、专业知识、专业判断与决策等方面。当前,我国积极完善教师教育体系,提高教师职前培养,以及在职发展的专业性,促进教师的专业化发展。课程教学作为小学教师职前培养的关键环节,正基于践行师德、学会教学、学会育人、学会发展的框架,培养专业化教师。

❖❖对创新型教师的需求

创新是人类自觉能动性的集中体现。我国当前进入创新型国家行列,实施创新驱动发展战略。创新型国家依靠创新型人才,创新型人才的培育依靠创新型教师。什么样的教师才是创新型教师呢?简单来说就是具备创新意识、创新思维、创新行动和创新自觉的新型教师。小学教育专业在课程设置时注重对师范生想象力、组织能力、管理能力、创新精神的培养,并于实践中加强对反思能力和科研能力的培育。

➡➡以促进学生发展为追求

各小学教育专业在为师范生打造课程体系时,实际上都蕴含着两大期待。一是希望通过课程学习，每位师范生在毕业时都可以成为卓越的小学教师；二是希望这些课程可以为每位师范生的终身发展助力。

❖❖❖促进师范生成长成才

师范生通过课程学习可以有如下收获：理解小学教育在人生发展中的独特地位和价值，理解小学教师是儿童学习的促进者，相信儿童发展的潜力；了解小学教育的培养目标，熟悉至少两门学科的课程标准、教学内容与方法，了解学科整合在小学教育中的价值；了解课堂组织与管理的知识，熟悉课堂评价的理论与技术；了解教师专业发展的影响因素、阶段与途径，熟悉教师专业发展规划的一般方法，善于学习优秀教师的成功经验。

❖❖❖促进师范生终身发展

在倡导终身学习的今天，师范生通过课程教学可以了解小学教师的职业特点和专业要求，养成自我更新意识，自觉提高自身的科学和人文素养，形成终身学习的意愿，在实现自我发展的过程中把握教师专业发展所具有的主体性、道德性、实践性特征。主体性是指小学教师具有积极主动的自主发展意识，充分发挥主观能动性；道德性是指小学教师承载着传播知识、传播思想、传播真理，

塑造灵魂、塑造生命、塑造新人的时代重任;实践性是指小学教师基于实践不断反思,成为"反思性实践家"。

➡➡**以结合专业特点为原则**

每位大学生入学后若想顺利地完成学业,需要对所学专业的特点有整体把握,并以此为引领完成各门课程的学习。

如前文所述,小学教育作为师范类专业不同于其他高等教育专业,作为培养小学教师的专业区别于中学教师专业。小学教育专业的本质特征是儿童性、综合性、养成性。儿童性是指小学教育专业在人才培养的目标规格、课程设置与培养活动上均体现儿童性,培养能研究儿童、理解儿童、读懂儿童的小学教师。综合性是指小学教育专业建设强调通识性、多学科性、多能力性。养成性是指小学教育专业人才培养强调实践性、过程性与持续性。

教育的本质是培养人。促进儿童发展是小学教师的根本使命。然而现实的小学教育被异化了,学科教学成为本位,这窄化了教师的素养结构,淡化了教师的专业属性,弱化了教师的育人责任。若要扭转被异化的小学教育,小学教师必须正确认识小学儿童的发展规律和发展需求。近年来随着人本教育的提出、生命教育的倡导,对儿童的关注也越来越多，对小学教育不同于中学教育的认识也越来越明晰。

因而，近年来各小学教育专业在课程设置上更加凸显对专业特性的把握，加强对儿童相关课程的投入，或新增设小学生认知与学习、小学生品德发展与道德教育、小学生心理辅导、儿童权利与保障、儿童需要与表达等课程，或在原有的教育学、心理学、儿童发展等课程融合相关学习内容，帮助师范生通过课程学习掌握儿童教育相关的知识、能力，形成热爱小学儿童的情感态度。

▶▶小学教育专业课程结构

通过前文，师范生从党和国家、社会、学校等方面对大学期间课程设置情况有了整体的了解。那么大学生入学后具体会修读到哪些类型的课程呢？每类课程中又包括哪些具体课程呢？各类课程之间又有什么关联呢？下面将对小学教育专业的课程结构进行简要介绍。

各小学教育专业基于国家标准、社会需求、学生发展、专业特点，重视小学教师职业特点和小学教师专业素质，构建起各具特色、符合地区小学教师师资需求的课程结构。总体而言，小学教育专业的课程结构可以划分为

通识教育课程板块、儿童教育课程板块、学科专业课程（含主教方向课程与兼教方向课程）板块、实践与研究课程板块等。各课程板块与毕业要求之间连接紧密，共同支撑人才培养目标的实现。就各课程板块的主要作用而言，通识教育课程是基础，学科专业课程和儿童教育课程注重促进师范生在教育信念与责任、教育知识与能力等领域的发展，实践与研究课程帮助师范生通过教育实践与体验，具备成为卓越小学教师的潜质。从各课程板块的时间分布而言，五大板块课程贯穿本科教育四年，由浅入深，由表及里，衔接稳定，有机融合。

➡➡通识教育课程

通识教育课程是每一位大学生入学后都要修读的课程。那么什么是通识教育课程呢？小学教育专业的同学在修读通识教育课程时又需要注意什么呢？

通识教育课程通常由各小学教育专业所在高校进行统一规划设计。师范生通过通识教育课程的学习可以突破专业知识阈限，具备宽泛的视野、良好的综合素养和充分发展的个性，对融会贯通、深入全面地理解学科专业课程和儿童教育课程等具有十分重要的作用。

通识教育课程包括通识必修课程和通识选修课程两

部分。其中通识必修课程包括思想政治、大学体育、大学英语等。通识选修课程一般涉及人文精神与社会认知、科学精神与自然关怀、艺术修养与审美体验、语言艺术与文化交流、身心健康与职业发展等系列，部分师范类院校还会开设教育理解与教师素养相关的通识类课程供学生选修。

因小学教育专业的人文精神与社会认知、科学精神与自然关怀、语言艺术与文化交流、身心健康与职业发展等通识课程模块与其他专业修读要求相近，修读时注意把握其对教师综合素养的提升即可，不再赘述。下面介绍小学教师需要重点关注的艺术修养与审美体验、教育理解与教师素养相关的通识类课程。

艺术修养与审美体验方面，自2020年中共中央办公厅、国务院办公厅印发《关于全面加强和改进新时代学校美育工作的意见》以来，小学教育专业重视提升师范生的艺术鉴赏能力、实践能力、组织能力等美育能力，除了小学教育专业内课程和校园文化活动外，主要依托艺术修养与审美体验相关的通识类课程实现该目标。一般而言，艺术修养与审美体验模块开设美学与美育、中国传统艺术、中国现代艺术、世界艺术鉴赏等理论课程，音乐、舞蹈、美术、书法、摄影等技能类课程帮助师范生感受美、创

造美。小学教育专业对艺术修养与审美体验类课程有最低修读学分要求。

教育理解与教师素养方面,因该类课程受高校师资队伍与学科建设情况的影响,主要在师范类高校开设。该类课程可以辅助师范生拓宽专业相关知识、技能,增强从教的理想信念。教育理解与教师素养模块开设诸如教育基本理论与实践、教育经典著作、教师专业发展、基础教育动态、国际教育专题、儿童发展等相关的通识类课程,涵盖教育学与教育心理学相关领域,涉及范围广泛。

➡️➡️**儿童教育课程**

儿童教育课程是最能凸显小学教育专业特性的板块。当前,小学教育专业根植于小学教育专业的儿童性特征,把握小学教育是儿童教育、小学教师培养小学儿童的基本逻辑,改变原有的学科+教育学的中学教师培养模式,强化儿童教育课程在小学教育专业课程结构中的重要地位。

我国某小学教育专业将"认识小学儿童"确立为小学教师"认识小学儿童、理解小学教育、发展专业自我"的三大核心素养之一,在此基础上从儿童的"天性与表达、身体与健康、社会性与道德、认知与学习、安全与权利"五个方面进行了儿童课程体系建设,设计实施了儿童教育课程板块,旨在帮助师范生认识儿童,理解教育。

儿童教育课程不低于 32 学分,即《教师教育课程标准(试行)》中对四年制本科小学教育专业教师教育课程的学分要求。儿童教育课程板块包括儿童研究、教育理解、专业发展、儿童教育拓展四个模块。以儿童研究模块为例,具体包含儿童生理与卫生学基础、儿童发展、儿童权利与保障、儿童需要与表达、小学生品德发展与道德教育、小学生心理辅导,均为专业必修课程。并形成了以"儿童需要与表达"为核心的儿童课程模块,旨在从不同方面帮助学生认识小学儿童,建立对小学儿童的全方位理解。

➡➡ **主教方向课程**

师范生的学习过程中,主教方向课程所占比重较大。主教方向课程在实施过程中涵盖践行师德、学会教学、学会育人、学会发展四大模块,但更侧重学会教学模块。通过主教方向课程的学习,师范生能扎实掌握主教学科的知识体系、思想与方法,理解和掌握学科核心素养内涵;对学习科学相关知识能理解并初步应用,能整合形成学科教学知识。初步习得基于核心素养的学习指导方法和

策略。理解教师是学生学习和发展的促进者。依据学科课程标准，在教育实践中，能够以学习者为中心，创设适合的学习环境，指导学习过程，进行学习评价。具备一定的课程整合与综合性学习设计与实施能力。初步掌握应用信息技术优化学科课堂教学的方法技能，具有运用信息技术支持学习设计和转变学生学习方式的初步经验。

为了实现上述目标，各小学教育专业依据课程标准、基础教育发展动态、专业建设特色等构建起主教方向课程板块。

以小学教育（中文）专业主教方向课程板块为例，主要包括学科基础、学科课程与教学、学科方向拓展三大模块。学科基础模块主要为中国语言文学相关基础课程，开设如现代汉语、古代汉语、中国现当代文学、中国古代文学、外国文学等课程，同时也注重加强与小学一线的联系，开设如儿童文学概论、文本解读与文学鉴赏、写作基础与儿童文学创作等课程。学科课程与教学模块旨在帮助教师学会教学，开设如小学语文课程标准与教材分析、小学语文教学设计与实施、汉字学与识字教学、语用学与语文教学等课程。学科方向拓展模块为选修模块，旨在拓展学生视野，加深对专业的理解，开设如唐宋诗词鉴赏、儿童戏剧创作与表演、影视文学、儿童文学作品赏析与教学、小学古诗鉴赏与教学、说文解字研读等课程。

音乐、美术、书法等艺术类专业的主教方向课程板块包括音乐学基础、音乐教育、音乐学与音乐教育拓展；美术学基础、美术教育、美术学与美术教育拓展；书法学基础、书法教育、书法学与书法教育拓展。其中，音乐学基础、美术学基础、书法学基础为必修课程，主要包括艺术类相关理论与技法课程。音乐教育、美术教育、书法教育为必修课程，主要包括学科教学论类等教育相关课程。音乐学与音乐教育拓展、美术学与美术教育拓展、书法学与书法教育拓展为选修课程，涵盖艺术理论、技法、学科课程与教学论等。

➡➡**兼教方向课程**

师范生除主教学科外，还须掌握兼教学科的基本知识、基本原理和技能，了解学科知识体系的基本思想和方法；了解小学其他学科的基本知识、基本原理和技能，具有跨学科知识结构。

各小学教育专业为了使师范生充分发展兴趣和潜能，在课程体系中突出了跨学科选修的兼教学科方向课程。兼教方向的基本目标是师范生在主教学科课程学习形成扎实学科素养的基础上，进一步通过跨学科兼教方

向课程模块的学习，拓展融合，主兼多能，以符合当代教育的发展和小学教育教学的需要。

通常，兼教方向课程面向全体师范生开设，每位学生从兼教方向中选择一个非主教方向的模块进行修读。非主教方向是指，以"小学教育（数学方向）"的学生为例，兼教方向中"小学数学"以外的方向为其非主教方向。

某小学教育专业设置为实现"主兼多能、发展专长"的目标，其兼教方向课程结构除了与主教方向课程相同的中文、数学、英语、信息、科学、德育、美术、书法、音乐等，还开设了生命教育、小学生心理辅导、国学经典教育、综合实践活动、小学教育研究等多个特色方向。

兼教方向课程通常兼顾理论性与实践性、师范性与学术性。以生命教育兼教方向为例，开设如多视角的生命解读、小学生命教育教师素养与能力、班级管理中的生命教育、生命教育课程与教学等课程。

➡➡ **实践与研究课程**

实践与研究课程板块通常以教育实践模块为主体，构建打通第一课堂与第二课堂的大实践课程体系。科研创新实践、艺术美育实践、教学技能实训、国内外研学实践、社会社团实践等将在后文校园文化活动中进行介绍，本部分主要对教育实践课程进行介绍。

根据《教师教育课程标准（试行）》，小学教育专业学生在校期间须完成18周的教育实践活动。根据《小学教育专业认证标准》，小学教育专业实践教学体系完整，教育见习、教育实习、教育研习递进贯通，涵盖师德体验、教学实践、班级管理实践和教研实践等，并与其他教育环节有机衔接。

不同高校小学教育专业结合专业办学传统及特点，具备不同的教育实践模式。集中模式即高年级某个学期进行集中实习；分散模式即将18周分散到不同年级，每个年级均有教育实践。虽然模式不同，但是教育实践旨在引导师范生进入教育现场接触了解小学儿童，通过实际操作和实地实习，培养师范生的专业素养和实践能力。

为培养适应小学教育教学需要的高素质专业化创新型"四有"好老师，为师范生设计了大学与小学深度融合、互进互促、协同培养的全程实践体系，包括大学一年级2周的教育感知，大学二年级3周的教育见习，大学三年级5周的教育实习，大学四年级8周的教育研习。

教育感知阶段：旨在通过对教育故事的阅读、观看，与校友名师的互动、对话，以及从教技能的自省与实训，

感受、生成小学教育的职业情感。

教育见习阶段：旨在通过接触、了解小学儿童，经历、体验教师工作，观察、记录小学课堂，感受、思考育人环境，使学生认识小学儿童、理解教师工作、了解小学课堂、感受育人环境。

教育实习阶段：旨在通过教学设计与课堂教学的实践，班级管理与少先队工作的组织，以及对教师、教育现象的访谈、观察及其对自身专业发展的反思，使学生能够初步了解教育常规、树立师德规范、构建实践知识、提升教育教学能力，并具有在实践基础上对自身专业进行初步反思的能力。

教育研习阶段：旨在通过研究性的实践，发现、反思教育教学实践中的典型现象与问题，观察、思考学校育人文化与教育改革现状，研究、探索儿童学习与发展规律，以及全面育人的理念与方法，使学生具有相应的教育研究与创新能力，并在这一过程中践行师德规范，养成教育情怀。

▶▶小学教育专业课程内容的特点

师范生在了解了大学期间将修读哪些课程的基础

上,可能会提出一个问题,课堂上会学习哪些内容呢?虽然每门课程的具体内容都各具特色,但是我们可以通过对小学教育专业课程内容的本质、共性、重点进行把握。

➡➡儿童取向:把握小学教育本质

儿童是小学教育的主体,小学教育要遵循小学儿童生命成长特性,为其生命健康成长提供有效能量。小学教师必须具有以儿童为本的教育教学能力,只有以儿童为本,为儿童提供适合教育的小学教师,才是符合新时代要求的卓越小学教师。

因此,小学教育专业课程日益凸显"儿童取向",致力于发挥儿童教育课程帮助师范生把握儿童性、育人性的引导作用,发挥主教方向课程、兼教方向课程、实践与研究课程的支撑作用。课程内容不是以学科教学为出发点,而是以儿童生命为基点,从儿童发展的整体视角出发对课程内容进行整体性构建,帮助师范生从儿童的立场出发,围绕儿童生命成长规律、阶段特性、儿童生命需要、生命样态等思考、设计、实施小学教育教学。师范生通过上述儿童取向的课程学习能够适应当前小学教育改革、未来小学教育发展的需要。

➡➡师德养成：培育"四有"好老师

师德是教师之本。小学教育专业深化师德师风教育，引导师范生成为以德立身、以德立学、以德施教、以德育德的卓越小学教师。

总体而言，小学教育专业依托教师职业道德这门专业必修课程，通过其他各类课程内容的有效设计，帮助师范生树立正确的师德观念，关注师德现象，具备师德意识，并在践行师德中不断体验、反思，提升师德。

教师职业道德课程：课程内容涉及教师伦理的基本理论基础，如教师伦理范畴、师德崇高性与底线师德等；现实问题，如教师公正的困境与实现、惩罚及其正当实现、尊重学生的多样性与规范统一性等；当前学校德育与教师发展研究新成果，如立德树人与师德建设、教师职业幸福感、最美教师的理解等方面。

其他各类课程：皆以践行师德、学会教学、学会育人、学会发展作为目标导向，以师德规范为具体要求，引导师范生坚定不移地走中国特色社会主义道路，增进对中国特色社会主义的理解和认同，能够践行社会主义核心价值观；贯彻党的教育方针，以立德树人为己任；遵守教育法律法规，具有良好的职业操守、健康的心理素质和高尚的审美情趣；为人师表，立志成为"四有"好老师，做儿童健康成长的引路人。

➡➡融会贯通：培育跨学科素养

高素质专业化创新型教师培养强调知识整合，即具有较好的人文与科学素养，具有跨学科知识结构，对学习科学相关知识能理解并初步应用，能整合形成学科教学知识。那么，什么是小学教师的跨学科素养呢？跨学科素养是联结小学儿童、小学教师与未来生活的高阶素养，具体是指小学教师所拥有的促进不同学科互动、合作、融合、整合，创新已有知识、解决真实情境中复杂问题的专业特质。包含小学教师的跨学科基本理念、跨学科基础知识、跨学科基本能力、跨学科核心品格等。

小学教育专业通过跨专业方向课程内容的有效设计，培养师范生跨学科素养，支撑师范生获得跨学科基础知识，确保师范生具备跨学科多学科能力。这是未来引导小学儿童进行跨学科和综合性学习须具备的学科知识基础和教学基础。

小学跨学科教育课程：教学内容主要包括小学跨学科教育的基本概念、课程设计模型与常规课程、小学跨学科教育评价方法、小学跨学科的教学模式、小学跨学科教

育实践策略等。课程内容体现了对理论最新动态的关注,以及跟踪对接基础教育课程改革的前沿,体现了对国际视野和本土先行实践经验的囊括。

其他各类课程:在小学跨学科教育课程的引领下,从不同的课程板块拓展出高支撑跨学科素养的课程群。通识教育课程板块和儿童教育课程板块强调对跨学科基本理念的学习,主教方向课程和兼教方向课程强调对跨学科基本能力的学习,实践与研究课程板块强调对跨学科核心品质的学习。

➡➡大小协同:发挥育人合力

教育部发布的《卓越计划 2.0》中提出完善全方位协同培养机制。着力推进培养规模结构、培养目标、课程设置、资源建设、教学团队、实践基地、职后培训、质量评价、管理机制等全流程协同育人。小学教育专业为实现全方位协同培养,在课程教学层面的举措主要包括在课程教学过程中加强与小学的合作,打造大小结合课程群。

课程教学中大学与小学的合作旨在解决人才培养过程中实践教学环节薄弱、专业技能训练不足、课程内容重理论、职前职后脱节培养等问题。一方面,实践与研究课程构建了大学教师与小学教师的"双导师制",常规课堂教学中也注意聘请小学一线教师作为小学教育专业的兼职教师,解决课程内容重理论轻实践的问题。另一方面,小学教育专业专任教师通过到小学一线开展听评课、研究等活动,了解、收集、整理小学一线教学案例,反哺课程内容,为开展案例教学积累丰富素材。

小学教育专业还加强构建大小结合课程。以小学教育(中文)专业方向为例,通过开设文本解读与文学鉴赏、写作基础与儿童文学创作、汉字学与识字教学、语用学与语文教学等课程,打造大小结合课程群,结合大学汉语言文学与小学语文学科进行课程内容一体化设计,提升师范生教育教学能力。

➡➡本研一体:推动学生持续发展

近年来小学校对研究生层次的师资需求加大,越来越多的师范生也有进入研究生阶段学习的需求。因此,小学教育专业逐渐形成本科＋硕士研究生一贯式培养模式,从教育理念、课程教学、实践实习、科学研究等方面进行系统化设计与实施。

小学教育专业主要通过两种方式加强本研一体化课程设计,完善课程内容。第一种方式是在现有课程内容中加强与研究生阶段学习的贯通培养,如在小学教育研

究方法课程，小学教育研究兼教方向课程中增加学术性学习内容，培养师范生科研能力，为未来进入研究生阶段学习奠定扎实的基础。第二种方式是开放部分研究生阶段课程供本科生进行选择。该方式为有意向进入研究生阶段学习的高年级师范生拓宽了课程选择的范围，利于师范生尽早了解研究生阶段的学习内容、学习方式，以便对后续的学业发展做出恰当规划。

需要指出的是，小学教育专业课程内容本研一体化设计的初衷在于使本科毕业生具备从事科学研究的能力，即使毕业生不立刻进入研究生阶段学习，也将帮助毕业生以研究的视角参与小学教育一线，成为"反思性实践家"，为后续发展提供不竭动力。

➡➡**动态更新：紧扣国内外教育发展**

世界在变，教育也在变。社会期待能够应对乃至引领教育变化的小学教师。因此，小学教育专业课程内容注重动态更新，紧扣基础教育发展动态，为未来培养高素质专业化创新型的卓越小学教师。这包含两个方面的含义，一方面，小学教育专业的课程内容紧扣国内基础教育发展动态；另一方面，注重对国外教育发展动态的批判吸收。

对接国内基础教育发展动态方面,小学教育专业的课程内容包括深入研究新发展阶段对小学教师提出的新期待。基础教育改革与发展以及小学教育专业所在地区基础教育发展的特点对当代小学教师素养提出了新要求。小学教育专业注重人才培养与基础教育课程改革前沿的对接,及时对课程目标、课程内容等方面进行调整和更新。例如,2022年,课程内容根据教育部发布的《义务教育课程方案和课程标准(2022年版)》进行了变更。再如,为贯彻教育部办公厅发布的《关于加强小学科学教师培养的通知》精神,小学教育专业更新科学教育方向课程体系,完善科学教育课程内容。

对接国外教育发展动态方面,为培养师范生的国际视野,提升小学教师的国际化素养,小学教育专业不断加大三类课程建设。一是人类与教育课程,如国际德育发展专题、仪式教育、教育人类学、人类社会与文明等;二是语言类课程,如国外母语概况、英语国家概况、英语儿童文学选读;三是讲座类课程,邀请国际知名学者进行学术讲座等活动。

➡➡面向未来:指向未来教育家潜质

小学教育专业在课程内容上注重培养具备未来教育

家潜质,提升未来教师能力。

总体而言,未来教师能力素养有四个维度:未来教育理论、未来学校设计、未来课程设计和未来学习设计。为实现未来教师能力的提升,课程内容加强核心知识储备、核心能力培养、教育策略训练、学习方式培养。核心知识储备包括"五育并举"、儿童教育、科技教育等;核心能力培养包括信息科技与信息技术能力、脑科学与创新创造能力、国学文化与全球公民能力;教育策略训练包括掌握智慧教育策略、生命教育策略和跨学科教育策略;学习方式培养包括基于问题和协作的学习、个性化和自定进度的学习、终身学习和学生自驱动的学习。除了在已有课程中完善未来教师能力素养的培育外,部分专业也采取了一些创新措施。如首都师范大学小学教育专业通过书院制改革、"未来教育家"计划等系统安排丰富的课程内容帮助师范生构建起完善的知识框架,提升对教育的认知,加强教育教学能力,形成未来教育家潜质,助力长远发展。

▶▶小学教育专业课程实施注重什么?

为了帮助师范生更好地完成课程学习,各小学教育专业结合师范生和专业特点,采取了颇具特色的课程实施方式。如注重师范生的主体性、能动性,利用信息技术建设智慧课堂,运用灵活多样适合每位师范生个性充分发展的教学方式,等等。下面介绍一下当前小学教育专业课程实施的一些特点和动向。

➡➡**学生中心:注重主体参与**

小学教育专业旨在促进教师专业成长。课程实施以促进小学教师专业发展为指向,围绕师范生全面发展,提升师范生的教育理论水平和实践能力,提升师范生创新精神和实践能力,帮助师范生未来更好地帮助小学儿童实现充分且个性化的发展。

为达到上述目的,小学教育专业课程在实施过程中注重以学生为中心,强调师范生的主体参与,充分发挥师范生的主体性、能动性。课程目标的制定,课程内容的选定,教学方法的选择均围绕促进小学教师专业发展进行。总体而言,课程实施是以师范生为中心进行的课程学习过程,而不是以高校教师为中心进行的课程讲授过程。

具体而言,课程目标围绕小学教师专业发展所需具备的知识、技能、情感、态度、价值观等素养框架,结合课程特点合理制定。教学方法注重发挥师范生的主体性,改变传统的教师讲授,学生听讲的传统教学模式。师范

生以积极的态度主动参与,充分发挥自身知识、能力,通过与教师、同学之间的互动,激发个人成长潜能,实现可持续发展。

另外,课程实施过程注重听取师范生的反馈意见,课程结束后进行学生评教,同时定期对小学教育专业的应届毕业生进行调查。了解师范生对课程教学的需求,推动课程教学持续改进。

➡➡全程实践:统整知情意行

师范生入学后可以体验到数量充足、内容丰富、贯穿培养全程的实践教学体系。健全的实践教学体系前后衔接、阶梯递进,与理论教学有机结合、相互促进。课程实施过程中注重帮助师范生整合知情意行,为成为卓越小学教师奠定坚实基础。

教育实践课程体系虽然以实践与研究课程板块为主体,但是各板块的理论课程均起着承上启下的桥梁作用。例如,为培养师范生职业认同,实现教育感知阶段感受、生成小学教育的职业情感的目标,在教育感知阶段之前开展教师职业道德、教师书法、教师语言、小学教师专业发展等专业认同的课程。为使师范生充分认识小学儿童,理解教师工作,了解小学课堂,构建实践知识,发展教育教学能力，在教育见习和教育实习之前，师范生系统地学习小学班级管理和小学儿童，以及学科教学的相关内容；为了帮助师范生更好地发现、反思教育教学实践中的典型现象与问题，教育研习之前，开设小学教育研究方法、儿童研究、教育评价等课程，使学生具有相应的教育研究与创新能力。学科和专业相关课程始终围绕培养目标，每个阶段都有不同的着力点，理论和实践在教育实践课程体系中相辅相成，充分呈现"体系化"的优势。

而在某一课程具体的课程教学实施过程中，也加强了实践环节的设置，如小学教育研究课程设计了与之相配套的实训课程。课程与教学论课程加大了与小学教育一线的沟通，理科类专业与艺术类专业更是设计了各具特色的实验类、技法类课程，旨在提升师范生的实践能力。

➡➡形式多样：采取灵活方法

小学教育专业在课程实施过程中注重把教学改革作为课程改革的核心环节，充分利用模拟课堂、现场教学、情境教学、案例分析等多样化的教学方式，加强以信息技术为基础的现代教育技术开发和应用，将现代教育技术渗透、运用到教学中。培养师范生对学科知识的理解和

学科思想的感悟，提升全面实施新课程的能力，增强师范生的学习兴趣，着力提高师范生的学习能力、实践能力和创新能力。同时注重对师范生的个性化培养，提高教学效率，主要体现在教师善于使用多种教学方法和手段，以帮助不同学习特点与学习风格的师范生顺利完成学业任务。

一般而言，小学教育专业在课程实施过程中，主要采取专题讲授与小组探究学习、合作分享相结合的教学方式。注重PBL项目式学习法的运用，即问题式学习或者项目式学习的教学方法，这是一种基于现实情境的以学生为中心的教学方法，由主讲教师对学习内容进行分专题讲解，提出具体问题。师范生围绕具体问题进行或个人或小组的研究探讨，以实现问题的解决。在具体的教学方式选择上主要包括专题讲授、案例分析、小组合作、探究学习、课堂分享与互评等方法。通过灵活多样的教学方式的选择，激发师范生的学习动机，帮助师范生做到理论联系实际，学以致用。

➡️➡️**人机协同：打造智慧课堂**

伴随着在线课程、互联网＋教育、元宇宙与教育的推进，技术成为推动教育发展的核心动力。课程实施模式实现数字化，走向智能化。《卓越计划 2.0》中提出要深化信息技术助推教育教学改革。推动人工智能、智慧学习环境等新技术与教师教育课程全方位融合，充分利用虚拟现实、增强现实和混合现实等，建设开发一批交互性、情境化的教师教育课程资源。推广翻转课堂、混合式教学等新型教学模式，形成线上教学与线下教学有机结合、深度融通的自主、合作、探究学习模式。创新在线学习学分管理、学籍管理、学业成绩评价等制度，大力支持名师名课等优质资源共享。利用大数据、云计算等技术，对课程教学实施情况进行监测，有效诊断评价师范生学习状况和教学质量，为教师、教学管理人员等进行教学决策、改善教学计划、提高教学质量、保证教学效果提供参考依据。

近年来，各小学教育专业不断加强在线课程建设，实施混合式教学、翻转课堂等新型教学模式。并注重建立信息平台，储存各类教育教学信息，以反哺课程教学。

全国虚拟仿真实验教学课程建设指南项目小学教育专业部分坚持以毕业生须具备的实验能力要求为基本准则，构建了全国小学教育专业虚拟仿真实验课程体系与实验项目体系。该虚拟仿真实验课程体系包含四个板块，分别为文科类虚拟仿真实验、理科类虚拟仿真实验、

教育类虚拟仿真实验和艺术类虚拟仿真实验。文科类虚拟仿真实验利用场景感受语言魅力,注重知识的丰度,设计时更多是定性实验与演示实验,构建虚拟仿真环境及产生的结果大多是基于公共事件的模拟处理。理科类虚拟仿真实验坚持能实勿虚,侧重于科学模型开放性设计、多因素定性实验模拟仿真、互动演示性实验、跨学科、自然科学基础、工程学概念仿真等实验类型。教育类虚拟仿真实验包括小学教育、德育、少先队方向,以预设性场景,思维、思想、仪式等方面亲身体验,事件处理模拟、情况干预模拟等类型。艺术类虚拟仿真实验包括音乐、美术、体育方向,主要涉及意境、环境感受、艺术灵感在现实的启发、可视化、可感知、体育运动模拟等类型。同时,基于教学实际需求,将虚拟仿真实验项目按照课程需求,划分为基础实验、专业基础实验和专业课实验等不同类别,满足不同课程层次教学需求。

➡➡ **特色创新:满足成长需求**

小学教育专业在课程实施过程中注重结合专业特色、基础教育发展、所在区域教育需求等进行特色创新,其最终目标是满足师范生的成长需求,培养高素质专业化创新型的教师队伍,服务基础教育,引领基础教育发展。当前小学教育专业在课程实施层面的特色创新主要包括加强导师制、注重个性化教学等。下面以书院制改革为例，阐述小学教育专业课程实施过程中如何通过实现导师制，注重个性化，提升人才培养质量。

导师制是书院制人才培养的关键组成部分，是书院制的精髓所在，导师的言传身教和潜移默化的熏陶，对师范生产生积极深刻的教育影响。导师制注重名师引领，学术导师、实践导师协同，在课程学习、教育研究、生涯规划等方面对学生给予全方位指导。每位师范生在大学一年级时就拥有自己的导师。在学习与学术研究方面，各导师组构建本硕博学习共同体并定期开展导师组读书会，使师范生有机会倾听导师与研究生学长们的研究成果与学习心得，也能在读书会上做读书报告，分享自己的学习成果。导师制有效解决了师生关系的问题、教书与育人分离的问题。到了高年级阶段，小学一线的实践导师则深入指导学生的教育实习实践，参与学生培养。

个性化发展是未来社会对人才培养的新要求，是为经济社会发展提供高素质人才的保障。小学教育专业强调因材施教，实施个性化培养，解决师范生课程学习缺乏主动性的问题。帮助师范生主动为自己负责，主动规划学业生涯，享受整个学习过程。例如，首都师范大学小学教育专业敬修书院实现了师范生个性化自主选择专业方

向。师范生在入学前不进行专业方向选择,通过大学一年级一学年的学习,结合上课的感受,以及对兴趣、特长等的探索,加之导师制的专业引领,通过和导师的交流与研习,树立较为明确的专业意识,最后选出适合自己的专业方向。敬修书院的师范生更具自主发展的意识和能力,更加积极主动地学习、参与活动,营造了整体积极向上的学习氛围。

缤纷多彩：小学教育专业的"第二课堂"

教育的艺术不在传授，而在鼓舞和唤醒。

——蔡元培

美国生涯辅导理论大师唐纳德·E.舒伯谈到，在个人发展历程中，随着年龄的增长而扮演不同的角色，大学时光正处于一个人职业发展探索阶段的过渡期和承诺期。同学们从高中阶段，考虑了个人的需要、兴趣、能力和机会，出于自身对儿童的热爱、对教育的热情、对人生意义的追寻，选择了小学教育专业，将在大学中经历职业生涯规划的过渡期和承诺期。在这个被称为"人生最美好年华"的阶段，我们不但在第一课堂学习知识与技能，更拥有在第二课堂灵活多变的时间中、丰富多彩的活动中、校内校外的多元平台中，探索人生无限可能的机会。

▶▶大学第二课堂：探索生命无限可能

第二课堂是指有利于学生全面发展的有组织的课外活动，是未来教师成长的广阔舞台，包括丰富多彩的校园文化活动、各类学生组织、根据兴趣爱好在学校指导下的学生社团。开设第二课堂是对常规课堂教学的有效补充，第二课堂充分结合学生发展实际，以真实的任务为载体，以形式多样的成果为导向，以学生为主体；通过组织、策划、分工、实施，秉持在求同存异中尊重个性、彰显个性、发展个性，在不断的尝试、探索、试验甚至试错或挫折中，实现自我观念，逐步坚定自身教育理想、明确人生发展目标，形成坚定的长期从教的愿景与清晰的职业发展规划。

小学教师是一个充满魅力的职业，它可以让从业者的兴趣、爱好、特长都有机会转化为在职场中熠熠生辉的职业技能。对于小学教师而言，最重要的是要有对这份事业的"热爱"，只有你从心底热爱这份事业、热爱儿童，才能够激发自己的最大潜能，并将自己的"优势"转化为教学动能。无论你是哪一学科的教师，你的各类兴趣、爱好，都会有用武之地，尤其在"双减"政策的背景下，你都可以将兴趣、爱好研发成为妙趣横生的课后服务课程，将一个人的兴趣变成一群人的成长之旅。

　　曾经有一位爱好京剧的小学教育专业中文班的学生，在大学时光中，他每天清晨都会到操场上去开声，每年的元旦晚会都会有他的京剧表演。进入小学工作后，他将京剧文化融入语文特色教学，让全班的学生爱上了京剧文化。接下来，他开始尝试在班级建立京剧社团，全班的学生开始学习唱京剧，在全校进行表演。这段有趣的尝试得到了他所在学校的大力支持，京剧社团成为学校的一个特色文化类社团。这名毕业生在职攻读了戏剧教育的研究生，成为区骨干教师，将小学语文教学与戏剧教育进一步深度融合。这个故事，只是许多小学教育专业学生个人兴趣与特长发展的其中之一，在这个专业中每天都有很多这样有趣的故事在发生。青春是人生中最朝气蓬勃的时光，大学是学生拥有较多可自由支配时间的人生阶段，在小学教育专业的第二课堂中，学生可以充分的探索、尝试、学习和发展个人兴趣，有人从零学起掌握了一种乐器，有人博览群书成为学富五车的博学之人，有人发挥特长创办社团，有人热心支教献力贫困地区儿童成长、有人发明创造成为科技达人、有人组建团队成为创业先锋……只要相信自己、只要敢于尝试，你的青春将有无限种可能，这些行动都将为日后成为生命丰盈的卓

越教师奠定重要的实践基础。

▶▶生活即教育:浸润式教育生态系统

许多还在读高中的学生可能都很好奇,大学和高中的区别是什么?我想最吸引大家的就是有更多的自我发展的机会、更丰富多彩的校园生活、更多志同道合的伙伴。那么在师范院校第二课堂和其他专业相比又有什么不同之处呢?这要从陶行知先生的"生活即教育"讲起。

✦✦陶行知先生的"生活即教育"

"捧着一颗心来,不带半根草去",这句话是我国伟大的教育家、思想家陶行知先生的教育名言,他一生以身立教,30年如一日矢志不移,他曾说教育是立国之本。陶行知先生提出了"生活即教育"的重要理论。

(1)生活含有教育的意义

陶行知先生认为,生活中的矛盾使生活具有教育的作用,教育的根本意义是生活之变化。生活无时不变即生活无时不含有教育的意义。实际的生活是教育的中心,生活教育是生活所原有,生活所自营,生活所必需的教育;生活与教育是一回事儿,是同一个过程,教育不能脱离生活,我们想要受什么教育,便须过什么生活。

(2)生活决定教育,教育改造生活

教育不仅改造着社会生活,也改造着每个人的生活,教育的作用,是使人天天改造,天天进步,天天往好的路上走。因此,生活决定教育,教育又能改造生活,推动生活进步。

在师范生第二课堂的构建过程中,想要践行"生活即教育"的理念,就要让师范生的学习、生活场域时时、处处具有教育功能,让学生在浸润式体验中学会为人、为事、为师。

❖❖人人育人、时时育人、处处育人的育人场域

生活教育的目的是让学生获得全面的发展,让学生的生命被鼓舞、被唤醒,可以通过为未来教师构建一个浸润式的教育生态系统,促进学生的自我成长。

(1)什么是生态?

"生态"一词源于古希腊,是指家或者我们的环境。生物学上,通常用"生态"一词来指称生物在一定的自然环境下生存和发展的状态,也指生物的生理特性和生活习性。在日常生活中,人们也常常用"生态"来定义许多美好的事物,如健康的、美的、和谐的等事物均可冠以"生

态"来加以修饰。简单地说,生态就是指一切生物的生存状态、生命状态、生活状态,以及它们之间和它们与环境之间的相互关系。

(2)什么是教育生态系统?

1935年,英国生态学家阿瑟·乔治·坦斯利,首次提出生态系统的概念,是指在一定的空间内所有生物与环境相互作用的具有能量转换、物质循环代谢和信息传递功能的统一体。教育生态系统,是协调教育与其他环境因子(自然的、社会的、规范的)的关系,以求建立一个更为和谐的促进人的最优发展和良性循环的生态系统,使受教育者在德智体美劳各方面协调发展,成为社会所需要的人。

(3)什么是"三全育人"教育生态体系?

在小学教育专业中,我们要培养什么样的人?毋庸置疑,我们要培育"五育并举"的社会主义建设者和接班人,对于一所培育人民教师的学院,一定要把育人的实践扎根在百年师范传统之中,扎根在中华优秀传统文化之中,小学教育专业的学生不但要"五育并举",还要具备"五育并举"的能力。因此,这个专业所在的学院,努力打造的是体验式、浸润式的思想政治工作模式,师范生在校期间接触的一人一事、每一节课程、每一次活动,都应该具有育人的功能,因此我们说这是一个"三全育人"的教育生态体系,提供了一个人人育人、时时育人、处处育人的育人场域。

"三全育人"是指在学校、学院层面为学生搭建的全员育人、全过程育人、全方位育人的教育生态系统(图3)。"全员育人"关注教育资源的协同性,其背后的理念在于"大学之大不在于大楼之大,而在于大师之大",在校期间,专业教师、班主任、辅导员、教学管理人员、朋辈导师、退休教师、校外导师等都是帮助学生成长的重要力量。"全过程育人"关注人的发展性,是指在学生成长的每个关键时期、关键节点,会有新生成长导师、学业导师、职业发展导师等通过多种方式帮助学生解决困惑和难题,使学生能够正确认识自己,科学的制订个人的学业规划和职业发展规划。"全方位育人"关注生命发展的整体性。学生将会在课程学习、科研实践、社会实践、文化活动、网络活动、心理健康、学生管理、学生服务、资助奖励等多个方面感受到教育的力量,通过参与一系列有价值、有意义的活动促进自身的全面发展。

❖❖❖传承教育家思想,高起点培养教育理想

习近平总书记在第三十九个教师节致信全国优秀教

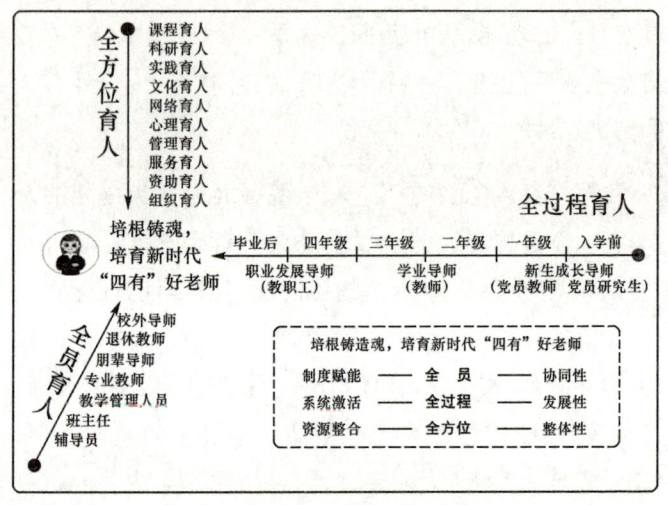

图3 "三全育人"教育生态体系

师代表的信中强调,要"大力弘扬教育家精神""为强国建设、民族复兴伟业作出新的更大贡献",并首次提出、深刻阐释了中国特有的教育家精神的时代内涵,即"心有大我、至诚报国的理想信念,言为士则、行为世范的道德情操,启智润心、因材施教的育人智慧,勤学笃行、求是创新的躬耕态度,乐教爱生、甘于奉献的仁爱之心,胸怀天下、以文化人的弘道追求。"教育情怀是师范生对待教育的情感态度和价值取向,承载着师范生对教育工作热切而持久的自觉追求，在师范生专业素养结构中居于核心地位。教育家精神为厚植师范生教育情怀提供了精神引擎。

在师范生的成长过程中，学校、学院通过请进来、走出去的方式，让师范生近距离接触教育家、研究教育家的思想和理论，从教育家的教育实践故事中汲取养分。师范生更加热爱这个充满智慧、温暖与力量的职业，每个人都关联着千千万万个儿童的梦想、关联着千千万万个家庭的希望。在教育家的引领下，师范生的心中种下了"未来教育家"的种子，不断生根、发芽，让教师成为人人羡慕的职业，让教育成为人们心中的理想天空。

❖❖ 传承百年师范底蕴，文化涵育教育情怀

校园文化是学校的精神支柱，是其生命所在，是学校传承过程中代代相传的共同价值观；校园文化既是重要的教育资源，又是催生教师专业发展和学生生命成长的深厚土壤。

"小学教育是个大事业"，谢维和教授曾说："小学是一个国家义务教育系统最基础的层次，是为人的成长奠基的层次，也是一个可以有大作为的地方。"在我国很多高等师范学校的小学教育专业具有百年的教师教育历史，学校和学院中积淀了深厚的师范文化和强烈的红色

基因。比如有的学院以"不忘初心"为院训,始终坚持为党育人、为国育才的使命,凝练了"爱心、童心、乐学、乐教"的学子精神,小学教师教育人将对党的初心、对教育事业的初心镌刻在师生的基因中。

其他学院的人说,和这里的教师和学生接触,犹如来到了"彬彬有礼,君子之国",教师和学生相遇时都热情的打招呼,能感受到很浓郁的尊师重道的传统美德,这与一些理工科的专业风貌大相径庭,这就是百年师范文化的浸润,师生们的学院归属感很强。

幸福的教师才会教出幸福的儿童,在小学教育专业的第二课堂中,通过营造文化氛围、组织学生活动,努力提升师范生作为教师的责任感、使命感、幸福感,中国千年来尊师重道的文化传统、小学教育百年发展史上的教育情怀,以浸润的、生活化的方式,根植于未来教师心灵深处。

▶▶理想与追求:培根铸魂的价值引领

大学阶段是一个人世界观、人生观、价值观重要的成长阶段。在这个阶段,每位同学都要通过理论与实践,形成对于世界的认识,对于人生的看法,对于事物价值的根本判断。"如何看待我们生活的世界？人究竟为什么活着？人生的意义和价值是什么？什么是判断事物价值的标准？"对于这一系列可能从小就萦绕在心头的问题，你将在大学阶段有更多的探索和思考，也会通过更多体验式的活动、志愿服务，坚定个人理想，将个人成长熔铸于国家的教育事业发展中，以成为新时代的"大先生"为航向，在民族复兴的新征程中实现人生价值、闪耀青春光芒！

✤✤ 担任重要活动或赛事的志愿者

青春由磨砺而出彩，人生因奋斗而升华。广大青年只有把个人理想融入中华民族伟大复兴中来，才能更好地铸就人生梦想，书写人生华章。

师范高校高度重视青年人才的培养工作，鼓励广大学子立"大先生"之志，通过积极参与志愿服务活动，勇做实现中国梦的奋进者、开拓者、奉献者。在大学学习期间，学生有机会经过选拔成为国家重要活动或赛事的志愿者。在北京市某师范高校小学教育专业，千余名学生担任了2008年北京奥运会、国庆60周年、国庆70周年群众游行活动、亚洲文化嘉年华、2022年北京冬奥会等重要活动的志愿者。

❖❖ 崇德、修德、养德

小学教育专业的第二课堂是师德养成教育的重要阵地，重点在于强化师范生对师德政治性、法律性、道德性的践行体验，促进师范生将师德认同外化于行动，落实师范生师德修养的践行。东北师范大学的王婧馨、康秀云提出大德、公德、私德分别从师德之魂、师德之本、师德之基三个层面赋予教师所立之德的时代内涵。新时代师范生师德教育的目标指向应将大德、公德、私德熔铸于一体，以更好指导师范生在未来从教生涯中处理好国家、社会与自我的关系。

铸师德之魂，明大德。为师之德构筑于国家大德基础上。新时代师范生师德教育以国家大德强化师范生的政治素养、补足精神之钙、浇铸信仰之根，为他们从教道路提供正确方向指引和思想领航，为他们成长为明道、信道的传道之师保驾护航。师范生通过党团活动、主题班会、社会实践等形式，在理论学习、交流探讨、反思实践中坚定马克思主义崇高信仰、胸怀共产主义远大理想和中国特色社会主义共同理想。

为师之德要以社会公德为母体，这也是教师在社会群体中对公民身份的自我确证和在教学过程中对本职工作的现实考量。师德教育正是以社会公共道德为原点，将零散的道德认识系统化为具体的社会价值规范，引导师范生实现崇高道德意识与模范道德行为的统一。高校学生具有高度的自我管理、自我教育、自我服务的能力，在第二课堂以弘扬社会主义核心价值观为主线，通过组织主题教育活动、规章制度的学习会、模拟法庭、辩论赛等丰富多彩的形式，形成积极向上的校园文化，引领师范生了解教育相关的法律法规和政策文件，熟悉掌握教师职业道德规范的重要内容和师德评价标准，明确什么可为、什么应为及法律所明令禁止的不为。建立心理认同，只有从内心深处敬畏这些道德规范，自身才会积极地对自己的行动进行意志约束，实现外在他律向师德自律的转化。在明底线的同时，还要追求师德高线，形成崇高的教育理想。教育理想是指对未来教育途径和目标的设想和期望，通过生涯幻游、演讲比赛、生涯规划、学业咨询、社会调研等多种形式，引领师范生对教育事业永葆一颗赤诚之心，以坚定终身从教、扎根基础教育、献身贫困地区教育的育人信仰。

为师之德凝塑于个人私德之中，而国家大德的弘扬、社会公德的坚守，最终都是以每位教师在私人生活场域中所展现的个人品德修养、日常言行操守、为人处世风

格、求学问道态度为基础。"师者,人之模范也",由于小学生具有明显的"向师性"的心理倾向,指学生入学后,自然地亲近、信赖、尊敬甚至崇拜教师,把教师作为获取知识的智囊、解决问题的顾问、行为举止的楷模。因此,对小学教育专业学生的个人品德就提出了更高的要求。师范生应该广泛阅读书籍,包括教育名著、文学作品、科技作品等都可以涉猎,以形成深厚的人文底蕴和科学思维,要积极参加学术报告和校园文化活动,并通过与学者、名师交流的过程中,形成个人品德的扎实地基。

❖❖❖支教:为远方的儿童编织梦想

青春之花要绽放在祖国最需要之处,一纸书信,万千情怀。党的十八大以来,习近平总书记常常通过书信和青年交流。《中国青年报》联系到6位曾经收到习近平总书记回信的年轻人。他们中有人扎根边疆,有人走进大山支教……其中有一位叫作熊国锦的教师,他曾是贵州省岑巩县大山中的一名留守儿童,在他上小学时,教师经常对他说:"有困难随时找我!"寒来暑往,熊国锦想成为一名优秀教师的愿望愈发强烈,他报考了北京师范大学"优师计划"并被录取,这是他梦想成真的第一步。

中国青年网中的短片《回信》为我们讲述了他的故

事。2022年,熊国锦如愿来到原国家级贫困县贵州省黄平县一所中学做教育实践,这里离他的家乡很近,课堂内外,他很喜欢和学生待在一起,关心学生的所思所想,解决他们的烦恼忧虑,就如同少时遇到的小学教师对他一样。回首暖意关怀,激扬青春梦想。临别之际,熊国锦收到了学生写的信:"好教师的言行会影响一个人的一生。我也想成为一名人民教师……"那一刻,熊国锦的眼眶湿润了。

此前,熊国锦和另外 6 名同学一起写信,向习近平总书记表达了扎根中西部的决心。让他们都没想到是,2022年教师节前夕,习近平总书记给他们回信,对他们寄予殷切期望:"希望你们继续秉持'学为人师、行为世范'的校训,珍惜时光,刻苦学习,砥砺品格,增长解惑本领,毕业后到祖国和人民最需要的地方去,努力成为党和人民满意的'四有'好老师,为培养全面发展的社会主义建设者和接班人贡献力量。"

"与祖国同行,为人民奉献"。这句话,是很多年轻人的心声。他们正一步一个脚印,在基层奋战,在国家最需要的地方建功。这些故事是师范生价值引领的生动教材,更是国内师范生成长的生动现实写照。

小学教育专业的学生在校期间也有丰富多彩的支教活动。在学期中，小学教育专业的学生积极加入了国家"双减"政策的志愿服务中，师范生不仅在小学成为"双减"课后服务课程的"小老师"，还在学校、学院的组织下和专业教师的指导下，自主开设德智体美劳"五育并举"、多学科融合的"双减"课程。例如，某师范高校小学教育专业的师范生在"双减"课程中做好科学教育加法，开设了一张纸的乐趣、科学家精神、昆虫记、走进房山地理等科学主题"双减"课程；注重依托《少先队活动课程指导纲要（2021年版）》《生命安全与健康教育进中小学课程教材指南》等文件，开发了"你好，红领巾""亲爱的生命""解忧杂货铺"等德育类课程；注重深挖中华优秀传统文化和北京地域特色，开发了"绘声绘色绘京城""博物馆里的书法世界""我在中轴线上学美术"等地方课程。在寒暑假，学校也会组织各地的支教活动，小学教育专业的学生发挥专业所长服务乡村振兴。

▶▶过硬的基本功：夯实职业根基的技能实训

小学生的学校学习生活，是从"写好中国字、说好中国话"开始的，作为未来的小学教师，练好"钢笔字、粉笔字、毛笔字"，讲好普通话，具有较好的朗诵能力和讲故事能力,是每位小学教育专业学生的"标配";除此之外,作为一个能够适应未来教育的小学教师,还要具备班主任管理技能、微课制作技能、英语口语与跨文化沟通技能、版面设计与制作技能、形象与礼仪技能等。技能的养成不是一蹴而就的,而是要在日积月累中通过反复的训练得以提升。

(1)扎实日常训练,夯实教师书写和口语技能

小学阶段是儿童品德养成、书写、表达、科学思维等培养最重要的奠基阶段,因此小学教师的教学基本功就更为重要。学生要在第一课堂通过相关的课程学习来提升基本功,更要在第二课堂中不断训练、提升,推动第一课堂和第二课堂的深度融合。当前,师范生的书写技能(钢笔字、粉笔字、毛笔字和简笔画)及教师口语技能(朗诵、讲故事)是小学教育专业日常持续训练的内容。一些学院还会在新生入学时就赠送新生一份特别的礼物——一块小黑板,为师范生技能训练提供支持和保障。学院还会组织开展教师书写、教师口语的培训讲座,在每个班级中选聘实训小导师等方式,发挥朋辈导师辅导的作用,夯实师范生的基本功。

(2)"学、练、展、评",培养"五育并举"的卓越小学教师

新时代对卓越小学教师在跨学科素养方面提出了更高的要求,师范生基本技能实训中强调对师范生"五育并举"能力的培养。以北京市某师范高校初等教育学院为例,该学院就形成了"2+X"师范生基本技能实训模式(图4),师范生要修习书法、朗诵2门必修课程,并结合个性需求开设了版面设计与制作、英语口语交流、儿童心理、形象与礼仪、微课制作、班级管理等6门选修

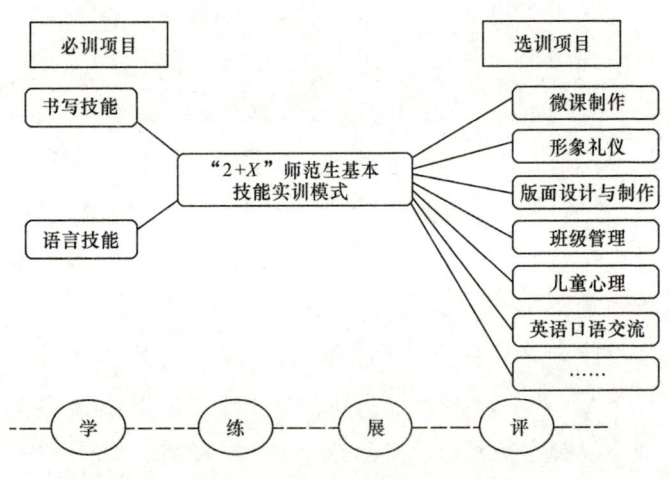

图4 "2+X"师范生基本技能实训模式

课程,促进师范生的全面发展和个性发展。同时,围绕"学生中心、产出导向、持续改进"的育人理念,将"学、练、展、评"进一步结合。在此基础上,师范生基本技能实训指导委员会帮助师范生指导实训,提升实训指导质量与考核评估力度。

此外,随着实训活动的不断丰富与完善,学院再次加大宣传力度,通过师范文苑、学院网站、微信公众号等媒介营造浓厚的师范生技能实训学习、训练、展示氛围,以传承百年师范育人传统,为培养全能型卓越教师奠定基础。

(3)不忘初心,注重职业发展的终身化

许多小学教育专业的学生毕业后,一直带着学院赠送的这块小黑板,小黑板成为母校和自身职业发展的一种情感联结。对小学教师基本功的自我训练也一直伴随着毕业生的职业发展。因为小学生有"向师性"的特点,即学生相信教师、依靠教师、模仿教师,以教师为榜样,所以作为小学教师一定要有过硬的基本功,更要熟练地运用好各种基本功,从而更好地指导学生。

▶▶成为研究型教师：沃野千里的学术陶冶

人类社会正在进入信息和智能的时代。教师作为人类文明的象征，正面临着时代前进的严峻挑战。由于教育职能、教育内容和教育方式的变化，未来教育将呈现出前所未有的复杂性和艰巨性。教师要为社会培养合格的人才，做到既会教书又会育人，就必须学会研究。教师要从经验型教师转变为研究型教师。

✦✦为何要成为研究型教师

研究型教师就是教师要努力成为有特点、有特色的教师，在日常教学过程中，沉淀并提炼自己的教学风格，让教育智慧播撒在每个学生身上。2018年中共中央、国务院发布的《关于全面深化新时代教师队伍建设改革的意见》中明确指出"时代越是向前，知识和人才的重要性就愈发突出，教育和教师的地位和作用就愈发凸显"。这也就促使着教师队伍的专业化水平需要不断提高。在我国，尽管关于如何培养"研究型教师"已经做了大量讨论，关于教师为什么要做研究、如何做研究等也有不少探讨。但是，我们还迫切地需要走出一条符合国情和社会发展状况的"研究型教师"探索之路。做研究型教师不仅是教师认识、分析和解决复杂的教育问题，提高教育教学质量的需要,还是改变教师专业生活方式,实现教师专业成长的必由路径。

2022年,教育部发布了《义务教育课程方案和课程标准(2022年版)》,反映了新时代的育人要求。面对教育改革的重大变革,"是否引发主动思考"是研究型教师的重要标志。新的课程标准发生了哪些变化?为什么会有这些变化?面对这些变化我们应该树立怎样的育人观?我们应该做哪些准备才能真正承担起为国育才、为党育人的教育使命。

面对这些亟待解决的重大问题,小学教育专业探索体系化的新时期小学研究型教师成长发展路径,为小学教育的专业发展赋能。谢维和教授曾说:"小学教师的教育教学是一项专业化程度非常高的工作。"这是因为小学教师的专业性不仅体现在它所要求的专业知识,而且更重要的是小学教育的专业化是小学教育科学性的基本条件。

❖❖❖具有未来教育家潜质的卓越小学教师成长目标

小学教育专业以培养卓越小学教师和未来教育家为己任,在百年的师范文化浸润中汲取精神滋养。2018年,教育部在《卓越计划2.0》中指出"培养造就一批教育情怀

深厚、专业基础扎实、勇于创新教学、善于综合育人和具有终身学习发展能力的高素质专业化创新型中小学教师"。

通过每学期开展"卓越教师成长之路""践行教育家精神"等主题班会，邀请学者、校长、优秀教师与学生面对面交流，强化师范生对于"成长为卓越小学教师和未来教育家"的价值认同和行动自觉。通过开展师范生风采大赛、教育家精神理论宣讲、教育家精神研究小组等方式，促进师范生将教育理论和教育实践相统一，提升自己的研究能力和创新能力。

❖❖未来教育家培养计划

近年来，为进一步贯彻落实《中国教育现代化2035》《卓越计划2.0》等文件精神，紧密围绕"双万计划"国家级一流本科专业、北京重点建设一流专业发展任务，基于数字化、智能化时代背景下师范生能力发展需求和基础教育改革发展趋势，北京市某师范高校小学教育专业推出"未来教育家培养计划"，从身心发展、文化基础、思维培养、能力构建、实践创新和全球素养这6个方面来培养学生，采取"双导师制"、未来导向的长线培养机制、儿童取向的养成教育、灵活多变的新学习方式、国际交流和教育实践等培训方式，针对教育哲学、教育基本理论、教育实践智慧、教育技术的综合运用、教育研究能力、教育管理能力和国际视野这7个方面进行理论与实践的拓展。目前已经在小学中入职或实习的学长学姐，都深刻认识到了卓越教师在现代教育中的重要意义。在工作过程中，他们也经常会用到所学的科研思维、教学思路等，为其成长为一名卓越的小学教师奠定了扎实基础。

✦✦全方位、立体化学术讲座

除了专业化的培养模式，小学教育专业还依托专业优势，以全方位、立体化的"讲座＋论坛"相结合的形式，推动教师与学生在学术层面的高质量互动。通过与一线小学教师、专业教师、学术领域大咖面对面交流，将学科前沿理论展示给学生，增进学生对专业的理解和情感，启发科研兴趣，以教师的成长经历，影响和带动师范生成长。

✦✦科研创新能力成长平台

教师的科研素养，既是从事教育科研的基础和重要前提条件，又是从事教育科研的持久动力。为了促进小学教师的专业化发展，全面提升师范生的科研素养，小学教育专业推进科研育人工作，引导广大师范生树立至诚

从教的理想追求和敢为人先的科研精神，以时不我待的奋进动力潜心钻研。整合多学科优势资源，重点打造以初等教育学学科为龙头的高水平学科建设。抓住大数据、人工智能等新一代信息技术革命带来的机遇，各小学教育专业加强小学教育前沿问题的研究，高校教师带领小学教育专业的师范生进入课题组，指导学生开展全国、省市、校院等级别的科研立项活动，指导师范生进入小学一线进行现场调研与访谈，激发了师范生的科研兴趣，提升了师范生的科研创新能力。许多小学教育专业还加快了国际化的建设步伐，通过召开小学教育国际会议、组织国外高校的研学与交换学习，邀请国内外专家、学者共同探讨小学教育专业的发展，培养小学教育专业人才。

"挑战杯"竞赛作为培养大学生创新能力的重要平台，已成为高校校园文化建设的重要内容。既有利于提升大学生的专业水平，增加专业知识，推进素质教育，又有利于培养和提高大学生创新创业能力并提高大学生分析、研究和解决问题的能力，特别是从事科研活动的能力。大力引导和鼓励广大师范生广泛参与，在专业教师的指导和学院领导的支持下，引导大学生在学术科技实践与竞赛过程中激发学术科研兴趣，提升创新实践能力，鼓励大学生踊跃投身创新驱动发展战略。

▶▶妙趣横生的校园:人文荟萃的文化活动

一个国家、一个民族只有拥有独特的精神基因和文化内涵,才能够走出具有鲜明特色的发展道路。同样,一所学校能不能长久、持续的发展,能不能赢得师生和社会的认可,取决于它有没有"文化",有没有"灵魂"。只有"文化"和"灵魂"才能穿越历史,引导当下,通向未来。

❖❖"师"范儿校园文化

校园文化具有重要的育人功能,是潜在的育人资源。小学教育专业所在院系都很注重打造具有浓郁师范特色的校园文化,努力推进学院文化(精神文化、制度文化、环境文化)建设,让办学理念、培养原则、培养模式、学子精神深入人心,从人生观、价值观、道德观层面,引领办学方针和发展方向,影响和规范师生的言行举止和行为方式。同时,开展积极向上的校园文化活动,弘扬民族精神、时代精神,引导师生积极践行社会主义核心价值观。

❖❖多彩的锻炼平台

成为一名卓越的小学教师,不仅需要浓厚的文化氛围,更需要自己多掌握一些技能、多学习一些特长,成为有"文化"的人。除了在第一课堂中学习专业的教育学、

心理学和专业知识外，还需要在第二课堂中不断锤炼自己的实践能力。在小学教育专业，有着丰富多彩的第二课堂活动，为师范生的专业化、多元化成长及专业成长赋能。学院团委注重发挥第二课堂的育人功用，引导青年师范生放飞青春理想、激发青春活力、汇聚青春奋斗，努力成为担当民族复兴大任的新时代青年。

开展和落实团员教育及管理、校园文化建设与体验、社团活动策划与实施、社会志愿服务与实践等活动。通过文艺修身、体育锻炼、实践创新、志愿服务等多类活动提升学生的综合素质，为学院思想教育工作发挥积极作用。

❖❖❖"五育并举"的育人体系

小学教育专业注重明确新时代对师范生"五育并举"的要求，制订高质量第二课堂清单，为师范生全面成长提供丰富的选择和广阔的平台。

小学教育专业的校园文化活动注重"三个凸显"。一是凸显"为党育人，为国育才"的使命担当，加强"青年化"理论阐释，将理论语言进行"青言青语"转化，组织师范生开展沉浸式调研，组织青年座谈会，组织理论宣讲，打造青年理论武装的"轻骑兵"，组织开展主题班团日，促进全覆盖的青年大学习；二是凸显师范特色，入学时小学教育专业学生的"教师宣誓"、教师节用小黑板为教师书写的祝福语、毕业时小学教育专业学生的"教师入职宣誓"等都体现了浓郁的师范特色；三是凸显师生参与，小学教育专业的教师具有浓厚的师范情怀，通过担任班主任、社团指导教师、科研指导教师、新生成长导师等方式，走进学生群体、走进学生心灵，形成师范院系"教学相长"的浓厚育人氛围。

阅读至此，相信你对小学教育的专业发展有了自己的理解。其实，我们的未来充满无限的可能，需要我们不断努力去发现这些可能。进入大学之后，你要积极参加实践锻炼，把自己的智慧和所学的知识应用到实际生活中去，不断扩展自己的视野，培养更多的兴趣和爱好、锻炼更多的专业技能，挖掘自己潜在的更多可能！

▶▶行走的课堂：知进行达的研学实践

2018年，习近平总书记在全国教育大会上指出"要把立德树人融入思想道德教育、文化知识教育、社会实践教育各环节"。对研学活动的"实践育人"特征指明了根本遵循。教育部发布的《中小学综合实践活动课程指导纲要》中明确将"研学旅行"作为学生综合实践活动的重要组成

部分，坚持教育与生产劳动、社会实践相结合，引导学生在具体的实践情境中，培养价值体认、责任担当、问题解决、创意物化等方面的意识和能力。为强化"研"之法、拓展"学"之实，就必须先要明确现有研学活动中的问题与挑战，以便在此基础上进行推陈出新。

小学教育专业在研学课程方面强调"培养热爱小学儿童、致力于小学教育，能够适应未来教育需要的小学教育人才"这一重要课程体系目标，旨在强化学生的成长与发展的意识，帮助广大学生适应未来小学教育一线的人才发展需要，激发其成长动能并努力增长才干，提高解决实际问题的本领，为成长为卓越的小学教育人才奠定基础。

通过"加大'研学旅行'宣传力度，明确研学活动的任务""推动'研学旅行'课程规范化，建设特色教育""创设多元的实践活动，提升参与研学活动的积极性""打造精细化'研学旅行'过程，促进良性循环发展"四个方面进行长效的制度赋能，打造覆盖京内外、国内外、丰富多彩的研学实践活动，使得"研＋学＋实＋践"＞"研学实践"。

在国内的研学实践过程中，师范生深入贵州省、陕西省、宁夏回族自治区、深圳市、江西省等地，打造科技研学之路、文化研学之路、红色研学之路、扶贫研学之路，通过寻访、交流、实地考察与体验，以及专家指导等方法，促使学生亲近自然、回顾历史、心系社会。同时，注重培养师范生的国际化视野，组织师范生到日本、芬兰、新加坡等地开展短期研学。通过聆听国际前沿学术汇报、项目式学习、深入外国小学教育一线等多种形式，学生获得了宝贵的跨文化交流和国际学术交流的机会和平台，丰富了学院学生对于教育的深层理解，加强了专业国际化建设水平，促进了学生自主学习能力和创新能力，推动了师范生人才培养质量不断提升。

国内外的丰富研学实践活动能够让学生不断拓宽自己的视野，在追求成长的道路上，做到求真求实，以更加敏锐的眼光来洞察小学教育，剖析和解读教育的真谛与教育的方法，在"行走的课堂"中汲取养分和精神力量。

大有可为：小学教育专业师范生的前景

师者，所以传道、授业、解惑也。

——韩愈

▶▶小学教育专业师范生的就业方向与就业指导

教育兴则国家兴，教育强则国家强。建设教育强国，基点在基础教育。基础教育搞得越扎实，教育强国步伐就越稳、后劲就越足。小学教育专业处于基础教育的奠基性位置，小学教育专业责任重大，应国家之需，致力于培养具有未来教育家潜质的卓越小学教师。

当前社会对于小学教育专业师范生的要求逐渐提升，小学教师乐教、适教、善教，他们不仅要知道怎么教，还要知道怎么教好。在小学生不断认识自己，构建起自我认知的过程中，小学教师要起到引领、指导、纠偏、扶正的作用。这也恰恰与小学教育专业对于卓越小学教师的培养模式相符。经过专业化、系统化培养的小学教育专业师范生,具备扎实的教育教学能力、班级管理能力、现代化信息技术应用能力和开放的国际化视野,能够胜任小学教育机构多学科教育、教学,成为社会发展所需要的可持续发展的高素质应用型人才。

➡➡就业方向

小学教育专业的师范生就业和未来发展空间广阔,具有良好的职业发展前景。小学教育专业毕业生可以从事教育教学相关工作,如到公立小学、私立小学任职小学教育各科任课教师,也可以在一些大中小型的教育机构以及与特殊教育相关机构从事教育实践、理论研究、管理工作等,或在社区文化特色学校担任学习管理师、教育咨询师、课程顾问等。

小学教育专业毕业生可以从事其他工作,如参加公务员考试进入教育行政单位,或到出版社、互联网等公司从事编辑、文案或策划、运营等方面的工作。除了直接参加相关工作外,还可以在本科毕业后选择继续深造,如继续攻读小学教育、课程与教学论、教育学原理、比较教育学、教育技术学等专业的学术型硕士研究生或攻读教育

学专业学位研究生,亦可选择留学攻读教育学相关专业的研究生。这其中会有一部分毕业生,由于本科学习期间成绩优异、社会实践经验丰富、综合素质较强等,保送至相关高校攻读硕士研究生。

➡➡学校的就业指导服务

就业是最大的民生,各师范高校高度重视就业,落实一把手工程,层层压实责任,强化意识,提升能力,系统推进"三全育人",形成育人合力,对"招生—培养—就业"进行一体化设计,在制度和机制上保障就业。

❖❖用心用情的个性化指导

当前,在国家高度重视教育行业发展的形势下,学习专业知识并持续提升职业素养,增强综合素质并不断提高专业能力是每位准教师的必经之路。

各学校、学院从民生工程的高度系统推进就业工作。定期召开全院大会分析招生就业数据,并联合班主任及学生社团为学生提供个性化就业服务。举办"大学生职业规划大赛暨模拟求职大赛",帮助师范生规划职业道路,树立正确的成才观、就业观和择业观,科学合理规划学业与职业发展,提升就业竞争力。

✧✧专业化的就业指导体系

为让就业指导专业化、科学化,通过"调研—宣教—指导—推荐"的方式形成就业服务链条,精细化服务师范生就业。

(1)注重科学决策

每月摸排学生就业进度和现实困难,深度走访一线,与小学交流了解当年就业形势,每年撰写《就业质量分析报告》《升学情况分析报告》《学业预警分析报告》统计数据,并从中挖掘和反馈人才培养的规律。针对师范生不同阶段的就业需求,开设贯穿式的培养教育课程,大学一年级阶段"学业规划课"、大学二年级阶段"职业规划课"、大学三年级阶段"师范生职业技能大赛""模拟求职大赛"、大学四年级阶段开展一对一简历辅导等全面系统指导,引导学生不断坚定从教的理想信念、做好职业规划。

(2)指导精准到人

各师范高校不断精细化就业指导工作,除讲座类指导外,还邀请行业专家、优秀校友等为学生开展一对一的学业咨询、职业生涯规划咨询、简历指导、面试指导、试讲指导、面试礼仪指导等,学校开放预约系统,订单式、定制式的就业指导服务,及时帮助师范生解决职业发展困惑,

为毕业生提供科学的指导。

(3)与各区县教育委员会密切合作

学校每年同各区县教育委员会的小学教育科紧密沟通，了解政策，推荐学生，协助学校召开小学教育招聘会，还会与各区县教育委员会共同推进"金种子"计划，促进实习、就业一体化，进一步帮助学生实习与就业。

小学教育专业，未来大有可为！被谢维和教授视为"科学"的小学教育，有着与其他学科与众不同的专业性。这就需要你用自己的智慧去发现其中蕴藏的奥秘，通过丰富的实践活动来充实自己、丰富自己，去寻觅、去感知、去实践，去蓬勃生长！

▶▶生涯幻游：在职小学教师的持续发展

各位同学们好，在我们成为一名光荣的小学教师之前，为了让大家更加清晰地了解小学教师的整体职业规划，下面让我们共同来一场专属于小学教师的"职业生涯幻游"之旅吧！共同开启我们教育世界的大门。

➡➡准备工作

在一个安静不被打扰的环境当中，找一个舒服的姿势。想象自己的身体里有一台扫描仪,从头顶开始慢慢扫描到身体的每一个部位,在每个部位停留时,尽可能地放松身体,呼吸均匀缓慢,感受呼吸,放松自己。

➡➡生涯幻游过程

生涯幻游可以来到我们成为一名正式小学教师的任何时间,任教初期、10年后、20年后、30年后,甚至到我们离任退休的时候。

✢✢✢初任型教师

初任型教师,一般指入职后的新教师,具体是指完成教师教育课程,取得教师资格证书,正在从事教育教学工作,且任教年限不超过3年的教师。这一阶段的教师已经具备了教育基本技能。比如,能够进行教学设计与实施、课程开发、班级管理、个别辅导和教育研究等。此外,还表现为如下特点:由于初为人师,会对教师职业充满美好的憧憬和理想,工作富有激情和活力;同时又会对是否能胜任教师工作表现出一定的紧张和担心。在此阶段,初任教师可以通过"多倾听、多借鉴、多模仿"缓解入职焦虑,积极地参加培训计划和各种交流会,主动接受各种新的教育理念,持续追求专业发展,不断寻求进步,尽早成为学校青年教师队伍的骨干力量。

让我们一起穿越时空隧道来到7年后……

(1)现在的你多少岁?已经担任了几年的小学教师?将会承担哪一个学科的教学工作?

(2)作为初任教师,你做了哪些心理准备?

(3)你一天的工作都将包括哪些具体内容呢?

(4)教育教学工作是否顺利?会遇到哪些问题和困难?

(5)与班上学生的相处是否和谐?你所期待的师生关系是怎样的呢?

(6)这一阶段,你会产生哪些职业情感?这些职业情感又会发生哪些变化?

(7)这一阶段的你对未来的职业发展会有哪些期待呢?

❖❖❖胜任型教师

胜任型教师是指有4～15年教学经验的教师,这一阶段是教师发展的基本目标。这一阶段教师在具备教育基本技能的基础上,能够将实践经验和书本知识逐渐整合,基本能够根据个人的想法处理教育中的各种问题和突发事件,具有一定的教育智慧。这一阶段的教师积累了一定的教学经验,开始明晰教学过程中的内在联系,教学的目标明确,并能够选择有效的方法达到教学目标,在教学行为上可以达到足够的流畅程度。对于个人而言,教师要通过记录教育故事、保持教育教学反思、积极参加教研活动等多种方式促进自身全方位的提升。目前,各小学校也会通过实施"名师工程",打造"名师工作室"等帮助教师尽快成长为校级骨干教师、学科名师。

让我们一起穿越时空隧道来到17年后……

(1)现在的你多少岁?已经成为小学教师多少年了?

(2)你一天的工作都将包括哪些具体内容呢?

(3)上一阶段教育教学过程中出现的问题是否解决了?又将出现哪些新的问题或困惑?

(4)与班上学生的相处是否和谐?在你的引领下建立了什么样的师生关系呢?

(5)与上一阶段相比,作为教师的心理状态、职业情感将发生哪些变化?

(6)从教多年以来,你会取得哪些荣誉或成绩?对下一阶段的发展又有哪些期待呢?

❖❖ **专家型教师**

专家型教师,不仅积累了丰富的教育基本理论知识和经验,对学生的需求具有敏锐的直觉,教学技能达到了认知自动化水平,而且能够不断反思并构建自己独特的教育理论,在日常频繁的教育生活中依然保持超然的心境和自觉的精神追求。从一定意义上说,专家型教师是"有思想的教师"。每一位教师都有宝贵的教育经历和体验,但不是每一位教师都能将这些"经验"加以"理论化",实现由感性向理性的攀爬,创生出自己的思想,并将思想以理论、学说、观点、主张等形式加以外显并表述出来。思想的创生标志着教师教育风格的成型、教育智慧的形成。专家型教师不仅是影响学生终身发展的重要人物,同时在教师群体中能够发挥榜样力量,引领当下和未来无数小学教师的成长,成为这些教师专业发展的有效支持。因此,如何在丰厚底蕴、积累学识、体悟实践、深刻思考的基础上,涵养并提出自己的思想,形成自己的教育思想和教学主张,让思想照亮前行之路,追求师者风范,是每一位小学教师需要向之努力前行的专业成长目标。

让我们一起穿越时空隧道来到 30 年后……

(1)现在的你多少岁?已经成为小学教师多少年了?

(2)你一天的工作都将包括哪些具体内容呢?

(3)之前在教育教学过程中出现的问题是否解决了?是否会面临新的问题或困惑?

(4)与之前相比,作为一名从教多年、经验丰富的教师,你的心理状态、职业情感会有哪些改变?

(5)从教多年以来,之前所期待的职业生涯规划目标是否实现?这时的你会取得哪些荣誉或成绩?

➡➡思考与总结

同学们,幻游旅程已经结束,你对自己成一名小学教师的生涯规划还满意吗?应该如何做,才能成为自己幻想中所期待的小学教师形象呢?

大家在幻游之旅中所畅想的未来都很美好,那么我们如何梦想成真呢?关键取决于我们在成为小学教师后对自身的严格要求和积极努力。希望大家从这一刻起,不负青春,不负韶华,砥砺前行。谨以此活动送给未来将成为一名卓越小学教师的自己,希望每一位同学都能成长为自己所期待的小学教师的模样!

▶▶小学教师之光辉典范

无论从事什么职业,都可以做出一番事业。在很多人眼里,小学教师可能是一份稳定又普通的工作。但实际上,小学教师也可以成就自己的一番事业,在平凡的岗位上尽职尽责,不忘初心,发光发热。下面将为大家介绍三位教育家,他们有的与小学教育相关,有的担任过小学教师,希望我们身边的这些真实存在的人物及事例能够帮助你寻找到自己对教育的坚持和对孩子的热爱!

➡➡陶行知:"万世师表"

陶行知(1891—1946),原名文濬,后改知行,又改行知。安徽歙县人。中国教育家,是中国近代教育史上的"一代巨人"。毛泽东称他是"伟大的人民教育家",宋庆龄赞他是"万世师表"。陶行知"爱满天下""捧着一颗心来,不带半根草去"的崇高精神,堪为现代教师的楷模和典范。

关于小学教育,陶行知在《创造的儿童教育》一文中提出"创造的儿童教育"思想。他指出:"创造的儿童教育,不是说教育可以创造儿童。教育是要在儿童自身的基础上,过滤并运用环境的影响,以培养加强发挥这创造力,使它长得更有力量,以贡献于民族与人类。教育不能创造什么,但它能启发解放儿童创造力以从事于创造之工作。"陶行知又指出:"我们发现了儿童有创造力,认识了儿童有创造力,就必须进一步把儿童的创造力解放出来。"为此,他提出了六个解放。

①解放儿童的头脑,使他们能想。

儿童的创造力被固有的迷信、成见、曲解和幻想层层裹头布包缠了起来,要发展儿童的创造力,先要把儿童的头脑从迷信、成见、曲解和幻想中解放出来。

②解放儿童的双手,使他们能干。

手是人重要的感觉器官,让儿童多动手是促进智力发展的重要途径。

③解放儿童的眼睛,使他们能看。

不要戴上"有色眼镜",要使儿童的眼睛能看事实。

④解放儿童的嘴,使他们能谈。

使儿童有提问的自由,才能充分发挥他们的创造力。

⑤解放儿童的空间,使他们能接触社会、接触大自然。

让儿童到大自然、社会中去学习,扩大认识的眼

界,取得丰富的学问,以发挥儿童内在的创造力。

⑥解放儿童的时间,不要把儿童的功课表填满。

要给儿童自己学习、活动的时间,不要逼迫儿童去应付各种考试测验,要给他们一些空闲时间消化学问,学一点他们自己渴望要学的学问,干一点他们高兴干的事情,绝不能把儿童的全部时间占据,使儿童失去学习人生的机会,养成无意创造的倾向,创造性的儿童教育,首先要为儿童争取时间的解放。

➡➡叶圣陶:从小学教师到教育家

叶圣陶(1894—1988),原名叶绍钧,江苏苏州人,中国作家、教育家、出版家、社会活动家,有"优秀的语言艺术家"之称。在叶圣陶的一生中,他总是以做过一名小学教师为荣,在他心目中"小学教师"的经历极为珍贵。

叶圣陶出生于一个平民家庭,家境清苦。1912年,叶圣陶在苏州草桥中学毕业后,任教于苏州中区第三初等小学,简称言子庙小学。叶圣陶除了教二年级、三年级、四年级的语文外,还担任二年级主任,负责修身课和算数课,教学任务很繁重。1912年3月6日是开学第一天,叶圣陶一大早就来到学校,学生已来了不少。这些学生的年龄小的有七八岁,大的有十几岁,他们见新来的小先生比自己高不了多少,都窃窃私语起来。对此叶圣陶并不在乎。看看那些交头接耳的孩子,他反而觉得"儿童之态各殊,而各自多趣"。然而真的要教好学生,也不是那么容易的。学校里学习的内容毕竟不同于师范,叶圣陶又没有上台讲课的经验,起初教学效果并不理想,为此叶圣陶很苦恼。但他不气馁,虚心向老教师学习,努力摸索和改进教学方法,教学效果也逐渐好转起来。

叶圣陶是一个很随和的人,上课前,总是和学生聊聊家常,问问他们的家事。渐渐地,学生把他当成了大朋友。叶圣陶还想方设法提高学生学习的兴趣。对小学生而言,学古文是枯燥无味的,他就试着让学生用白话文翻译课本中的文言文,发现这么做"颇能尽兴趣之妙,诸生听之亦能娓娓不倦也"。有的学生怕写作文,叶圣陶启发说,作文就是用笔说话,要破除陈词滥调,心里有什么就写什么。有几位学生"上课时每谈话或斜坐,殊无规则",叶圣陶专门为他们开设了一节"静坐"课,一一纠正他们的坐姿。看到学生上课疲劳了,他就在黑板上画些图画让学生摹绘,这一方法果然见效,课堂气氛顿时活跃起来。叶圣陶发现学生很喜欢远足旅行,就对学生说:"你们如果在上操时留心步伐,整齐队伍,我就带你们出去远足旅行,观游名胜美景;如果哪位学生惰于课程,干犯规

则,我就不许他参加旅行。"学生果然兴趣大增,专心上课了。叶圣陶从中也受到了启发,他总结说:"儿童之心理往往如是,悬一良好之目的于一方,其趋之也弥挚,利用此心乃获诸多之便利。"

正是在言子庙小学的经历激发了叶圣陶对于教育问题的一生最初的思考与变革主张,比如用白话文编写适合孩子特点的小学语文教材问题;大学、中学、小学依据学生特点采取不同教学方法问题;深入了解儿童心理组织校外活动和游园激发孩子学习兴趣问题;适合小学特点的教学评价问题;小学生的日常教育教学管理问题;等等。叶圣陶任教时就把提出的这些教育问题付诸于实践探索,甚至有些成为他为之耕耘一生的教育事业。

➡➡李吉林:情境教育创始人

李吉林(1938—2019),儿童教育家、情境教育创始人。1956年毕业于江苏省南通女子师范学校,毕业后任教于南通师范第二附属小学,直至退休。

李吉林在中国小学教育领域中是一面独特的"旗帜"。自1956年担任小学教师以来,她花费了近半个世纪的时间探索小学教育的改革路径。1978年开始,李吉林积极探索情境教学,以勤勉踏实的工作态度为我国小学教育奉献了素有"中国特色原创的教育思想流派"美誉的情境教育模式,创立了"情境教学""情境教育""情境课程",构建了情境教育的理论框架和操作体系,这些成为我国素质教育的重要模式。

李吉林充满着对教育事业的真挚情感,儿童是她的至爱,是她心灵的寄托。她曾说:"要为儿童研究儿童,遵循儿童研究儿童,易于找到规律。"所以她创立的情境教育充分体现了教育"为人"的本质,以儿童为本,让儿童在美感愉悦中展现灵性,发展创造的纯真的教育,闪烁着情智交融的光亮。李吉林深知,小学阶段是人发展的关键时期,是奠定人生基础的时期。她一直追求儿童身心、情感、智慧、人格全面发展的完美境界。她淳朴、善良、高尚的内心世界,灵动而质朴的教风、文风,使她与"意境说"包蕴的真、美、情、思一拍即合,引起极大的共鸣,认定这四者正是儿童发展所需的。同时,真挚、真诚、真情使李吉林超越了物质的世界,摆脱了世俗的功利,使教师的道德修养达到一种审美的观照,把自己全部的心血、全部的爱献给孩子,献给教育。

李吉林因在教育教学理论研究等方面的突出贡献,曾

被国务院授予"全国先进工作者""全国劳模""全国三八红旗手""全国五一劳动奖章"等称号。2014年,李吉林获得全国首届"基础教育国家级教学成果"特等奖第一名。

参考文献

[1] 陈时见,李培彤.教师教育学的概念建构与价值意蕴[J].教育研究,2021,42(07):27-36.

[2] 顾明远.教育大辞典:第3卷[M].上海:上海教育出版社,1991.

[3] 教育部高等学校教学指导委员会.普通高等学校本科专业类教学质量国家标准[S].北京:高等教育出版社,2018:69-75.

[4] 教育部教师工作司.小学教师专业标准(试行)解读[M].北京:北京师范大学出版社,2013.

[5] 李如齐,徐庆国.高师本科小学教师教育专业的质量定位与建设[J].教育与职业,2011(05).

[6] 李西顺.享受教育是教师幸福的源泉[J].新教师,2021(09):15-16.

[7] 刘慧,刘海涛.走向卓越的小学教师培养[M].天津:天津人民出版社,2023.

[8] 刘慧,刘惊铎.践行师德[M].北京:北京师范大学出版社,2021.

[9] 刘慧,孙建龙.小学教育专业认证:理论与实践[M].天津:天津人民出版社,2022.

[10] 刘慧,王丽.我国初等教育学学科建设的回顾与反思[J].中国教育科学(中英文),2022(05):61-71.

[11] 刘慧.初等教育学学科:高师小学教育专业的学科基础[J].课程·教材·教法,2011(05):87-91.

[12] 刘慧.关于高师小学教育专业建设的几点思考[J].课程·教材·教法,2009,29(02):83-87.

[13] 刘慧.论当代小学教师的专业特性视角[J].湖南第一师范学院学报,2010(2):11-12.

[14] 刘慧.小学教育学[M].北京:北京师范大学出版社,2023.

[15] 刘慧.以"儿童教育"为本位的卓越小学教师培养[J].课程·教材·教法,2017,37(02):114-118.

[16] 刘慧.中国小学教师培养模式:探析与展望[J].中国教育科学(中英文),2022,5(01):89-98.

[17] 马云鹏.从小学教育专业定位看卓越小学教师培养

[J].东北师大学报(哲学社会科学版),2018(3):152.

[18] 庞旸."言子庙"里的小学教师叶圣陶[J].时代邮刊,2022(12):42-43.

[19] 钱建兵.迷恋成长,让教育拥有智慧——读马克斯·范梅南《教学机智——教育智慧的意蕴》[J].江西教育,2017(11):73-74.

[20] 阮成武.论高师小学教育专业的学科基础与学科建设[J].课程·教材·教法,2010(03):85-89.

[21] 王彦力.叶圣陶:从小学教师到教育家[J].课程教学研究,2014(5):4-8.

[22] 王智秋.初等教育院系学科建设的定位、生长特色及其培育[J].教育研究,2015(08):151-156.

[23] 王智秋.小学教育专业人才培养模式的研究与探索[J].教育研究,2007(05):25-30.

[24] 魏光明.用欣赏的方式引领学生健康成长[J].科学咨询(教育科研),2014(07):6.

[25] 吴振利.试论养成性教师教育范式[J].课程·教材·教法,2018(4):103-109.

[26] 谢培松.初等教育学学科体系建构:原则、路径与框架[J].湖南第一师范学院学报,2018,18(03):27-31.

[27] 许慎.说文解字详解[M].天津:天津人民出版社,2015.

[28] 余雪莲,张登山,等.儿童学概论[M].北京:北京师范大学出版社,2013.

[29] 曾永发.学生合作学习 教师望闻问切——自主课堂师生活动探究[J].现代语文(教学研究),2011(2):75.

[30] 张华.试析儿童学的内涵[J].教育发展研究,2015(04):6-10.

[31] 中国社会科学院语言研究所词典编辑室.现代汉语词典[M].7版.北京:商务印书馆,2016.

[32] 朱小蔓.认识小学儿童,认识小学教育[J].中国教育学刊,2003(8):1-6.

后　记

我们每个人都上过小学,曾师从多位小学教师,也许至今我们仍怀念那段小学时光,感恩某位恩师谆谆教导。但当问及什么是小学教育专业,怎样才能成为一名优秀小学教师时,却不是一个容易回答的问题。因此,当受大连理工大学出版社的邀请,承担《什么是小学教育?》一书的撰写任务时,我们召开了数次研讨会,探索如何面向高中生,讲好"什么是小学教育专业"。

我们经过反复研讨,确立了以小学教师专业发展为脉络的撰写思路,全景扫描了小学教育专业招生、课程学习、实践活动、就业的全流程。为有志成为小学教师的读者解读国家对小学教师的任职要求、大学的招生政策;呈现枝繁叶茂的课程图谱与缤纷多彩的实践活动;分析小学教育专业毕业生的就业形势;介绍小学教师入职后的

发展前景。

考虑到本书的许多读者对小学教育专业的学习生活、小学教师的工作特点尚不完全了解,我们精心挑选了部分师范院校在小学教师人才培养过程中的典型案例、教育家的教育事迹等。希望借助这些资料,能够为读者清晰地呈现小学教育专业师范生成长、成才的全过程,鲜活地展现师范生毕业后的专业发展情况。

我们试图回归儿童,阐释小学教育的真谛,阐述理想的小学教师样态,阐明小学教育专业的本质。我们渴望看到有志成为人民教师的读者,通过小学教育专业的学习,成长为助力儿童生命健康成长的教育者,而不是只会向儿童头脑中填塞知识的教书匠。

我们期待今日的读者成长为明日的好教师。如果你喜爱孩子、亲和力强;如果你希望助力儿童成长,如果你有志成为小学教师队伍中的一员,那么欢迎进入小学教育专业学习。希望你通过不断的学习,成长为好教师、成长为引路人、成长为教育家。

"走进大学"丛书书目

什么是地质？	殷长春	吉林大学地球探测科学与技术学院教授（作序）
	曾 勇	中国矿业大学资源与地球科学学院教授
		首届国家级普通高校教学名师
	刘志新	中国矿业大学资源与地球科学学院副院长、教授
什么是物理学？	孙 平	山东师范大学物理与电子科学学院教授
	李 健	山东师范大学物理与电子科学学院教授
什么是化学？	陶胜洋	大连理工大学化工学院副院长、教授
	王玉超	大连理工大学化工学院副教授
	张利静	大连理工大学化工学院副教授
什么是数学？	梁 进	同济大学数学科学学院教授
什么是统计学？	王兆军	南开大学统计与数据科学学院执行院长、教授
什么是大气科学？	黄建平	中国科学院院士
		国家杰出青年基金获得者
	刘玉芝	兰州大学大气科学学院教授
	张国龙	兰州大学西部生态安全协同创新中心工程师
什么是生物科学？	赵 帅	广西大学亚热带农业生物资源保护与利用国家重点实验室副研究员
	赵心清	上海交通大学微生物代谢国家重点实验室教授
	冯家勋	广西大学亚热带农业生物资源保护与利用国家重点实验室二级教授
什么是地理学？	段玉山	华东师范大学地理科学学院教授
	张佳琦	华东师范大学地理科学学院讲师
什么是机械？	邓宗全	中国工程院院士
		哈尔滨工业大学机电工程学院教授（作序）
	王德伦	大连理工大学机械工程学院教授
		全国机械原理教学研究会理事长

什么是材料?	赵 杰	大连理工大学材料科学与工程学院教授
什么是金属材料工程?		
	王 清	大连理工大学材料科学与工程学院教授
	李佳艳	大连理工大学材料科学与工程学院副教授
	董红刚	大连理工大学材料科学与工程学院党委书记、教授(主审)
	陈国清	大连理工大学材料科学与工程学院副院长、教授(主审)
什么是功能材料?		
	李晓娜	大连理工大学材料科学与工程学院教授
	董红刚	大连理工大学材料科学与工程学院党委书记、教授(主审)
	陈国清	大连理工大学材料科学与工程学院副院长、教授(主审)
什么是自动化?	王 伟	大连理工大学控制科学与工程学院教授 国家杰出青年科学基金获得者(主审)
	王宏伟	大连理工大学控制科学与工程学院教授
	王 东	大连理工大学控制科学与工程学院教授
	夏 浩	大连理工大学控制科学与工程学院院长、教授
什么是计算机?	嵩 天	北京理工大学网络空间安全学院副院长、教授
什么是人工智能?	江 贺	大连理工大学人工智能大连研究院院长、教授 国家优秀青年科学基金获得者
	任志磊	大连理工大学软件学院教授
什么是土木工程?		
	李宏男	大连理工大学土木工程学院教授 国家杰出青年科学基金获得者
什么是水利?	张 弛	大连理工大学建设工程学部部长、教授 国家杰出青年科学基金获得者
什么是化学工程?		
	贺高红	大连理工大学化工学院教授 国家杰出青年科学基金获得者
	李祥村	大连理工大学化工学院副教授
什么是矿业?	万志军	中国矿业大学矿业工程学院副院长、教授 入选教育部"新世纪优秀人才支持计划"
什么是纺织?	伏广伟	中国纺织工程学会理事长(作序)
	郑来久	大连工业大学纺织与材料工程学院二级教授

什么是轻工？　石　碧　中国工程院院士
　　　　　　　　　　　四川大学轻纺与食品学院教授（作序）
　　　　　　　平清伟　大连工业大学轻工与化学工程学院教授
什么是海洋工程？
　　　　　　　柳淑学　大连理工大学水利工程学院研究员
　　　　　　　　　　　入选教育部"新世纪优秀人才支持计划"
　　　　　　　李金宣　大连理工大学水利工程学院副教授
什么是海洋科学？
　　　　　　　管长龙　中国海洋大学海洋与大气学院名誉院长、教授
什么是航空航天？
　　　　　　　万志强　北京航空航天大学航空科学与工程学院副院长、教授
　　　　　　　杨　超　北京航空航天大学航空科学与工程学院教授
　　　　　　　　　　　入选教育部"新世纪优秀人才支持计划"
什么是生物医学工程？
　　　　　　　万遂人　东南大学生物科学与医学工程学院教授
　　　　　　　　　　　中国生物医学工程学会副理事长（作序）
　　　　　　　邱天爽　大连理工大学生物医学工程学院教授
　　　　　　　刘　蓉　大连理工大学生物医学工程学院副教授
　　　　　　　齐莉萍　大连理工大学生物医学工程学院副教授
什么是食品科学与工程？
　　　　　　　朱蓓薇　中国工程院院士
　　　　　　　　　　　大连工业大学食品学院教授
什么是建筑？　齐　康　中国科学院院士
　　　　　　　　　　　东南大学建筑研究所所长、教授（作序）
　　　　　　　唐　建　大连理工大学建筑与艺术学院院长、教授
什么是生物工程？贾凌云　大连理工大学生物工程学院院长、教授
　　　　　　　　　　　入选教育部"新世纪优秀人才支持计划"
　　　　　　　袁文杰　大连理工大学生物工程学院副院长、副教授
什么是物流管理与工程？
　　　　　　　刘志学　华中科技大学管理学院二级教授、博士生导师
　　　　　　　刘伟华　天津大学运营与供应链管理系主任、讲席教授、博士生导师
　　　　　　　　　　　国家级青年人才计划入选者

什么是哲学？	林德宏	南京大学哲学系教授
		南京大学人文社会科学荣誉资深教授
	刘 鹏	南京大学哲学系副主任、副教授
什么是经济学？	原毅军	大连理工大学经济管理学院教授
什么是经济与贸易？		
	黄卫平	中国人民大学经济学院原院长
		中国人民大学教授（主审）
	黄 剑	中国人民大学经济学博士暨世界经济研究中心研究员
什么是社会学？	张建明	中国人民大学党委原常务副书记、教授（作序）
	陈劲松	中国人民大学社会与人口学院教授
	仲婧然	中国人民大学社会与人口学院博士研究生
	陈含章	中国人民大学社会与人口学院硕士研究生
什么是民族学？	南文渊	大连民族大学东北少数民族研究院教授
什么是公安学？	靳高风	中国人民公安大学犯罪学学院院长、教授
	李姝音	中国人民公安大学犯罪学学院副教授
什么是法学？	陈柏峰	中南财经政法大学法学院院长、教授
		第九届"全国杰出青年法学家"
什么是教育学？	孙阳春	大连理工大学高等教育研究院教授
	林 杰	大连理工大学高等教育研究院副教授
什么是小学教育？	刘 慧	首都师范大学初等教育学院教授
什么是体育学？	于素梅	中国教育科学研究院体育美育教育研究所副所长、研究员
	王昌友	怀化学院体育与健康学院副教授
什么是心理学？	李 焰	清华大学学生心理发展指导中心主任、教授（主审）
	于 晶	辽宁师范大学教育学院教授
什么是中国语言文学？		
	赵小琪	广东培正学院人文学院特聘教授
		武汉大学文学院教授
	谭元亨	华南理工大学新闻与传播学院二级教授
什么是新闻传播学？		
	陈力丹	四川大学讲席教授
		中国人民大学荣誉一级教授
	陈俊妮	中央民族大学新闻与传播学院副教授
什么是历史学？	张耕华	华东师范大学历史学系教授

什么是林学？	张凌云	北京林业大学林学院教授
	张新娜	北京林业大学林学院副教授
什么是动物医学？	陈启军	沈阳农业大学校长、教授
		国家杰出青年科学基金获得者
		"新世纪百千万人才工程"国家级人选
	高维凡	曾任沈阳农业大学动物科学与医学学院副教授
	吴长德	沈阳农业大学动物科学与医学学院教授
	姜　宁	沈阳农业大学动物科学与医学学院教授
什么是农学？	陈温福	中国工程院院士
		沈阳农业大学农学院教授（主审）
	于海秋	沈阳农业大学农学院院长、教授
	周宇飞	沈阳农业大学农学院副教授
	徐正进	沈阳农业大学农学院教授
什么是植物生产？		
	李天来	中国工程院院士
		沈阳农业大学园艺学院教授
什么是医学？	任守双	哈尔滨医科大学马克思主义学院教授
什么是中医学？	贾春华	北京中医药大学中医学院教授
	李　湛	北京中医药大学岐黄国医班（九年制）博士研究生
什么是公共卫生与预防医学？		
	刘剑君	中国疾病预防控制中心副主任、研究生院执行院长
	刘　珏	北京大学公共卫生学院研究员
	么鸿雁	中国疾病预防控制中心研究员
	张　晖	全国科学技术名词审定委员会事务中心副主任
什么是药学？	尤启冬	中国药科大学药学院教授
	郭小可	中国药科大学药学院副教授
什么是护理学？	姜安丽	海军军医大学护理学院教授
	周兰姝	海军军医大学护理学院教授
	刘　霖	海军军医大学护理学院副教授
什么是管理学？	齐丽云	大连理工大学经济管理学院副教授
	汪克夷	大连理工大学经济管理学院教授
什么是图书情报与档案管理？		
	李　刚	南京大学信息管理学院教授
什么是电子商务？	李　琪	西安交通大学经济与金融学院二级教授
	彭丽芳	厦门大学管理学院教授

什么是工业工程? 郑　力　清华大学副校长、教授(作序)
　　　　　　　　周德群　南京航空航天大学经济与管理学院院长、二级教授
　　　　　　　　欧阳林寒南京航空航天大学经济与管理学院研究员
什么是艺术学? 梁　玖　北京师范大学艺术与传媒学院教授
什么是戏剧与影视学?
　　　　　　　　梁振华　北京师范大学文学院教授、影视编剧、制片人
什么是设计学? 李砚祖　清华大学美术学院教授
　　　　　　　　朱怡芳　中国艺术研究院副研究员